Mein Deutsch-Abitur

Sprache

Sprachvarietäten

Dialekte und Soziolekte
Schreibtraining: Sachtextanalyse

Sprachwandel

Schreibtraining: materialgestütztes Schreiben

Spracherwerb

LEISTUNGSKURS

Sprache – Denken – Wirklichkeit
Aktualität der Sapir-Whorf-Hypothese

Erarbeitet von:
Wilhelm Borcherding
Verena Große Frericks
Stefan Schäfer

Ernst Klett Verlag
Stuttgart · Leipzig

1. Auflage 1 5 4 3 2 | 22 21 20

Alle Drucke dieser Auflage sind unverändert und können im Unterricht nebeneinander verwendet werden.
Die letzte Zahl bezeichnet das Jahr des Druckes.

Autorin und Autoren: Wilhelm Borcherding, Spenge; Stefan Schäfer, Lörrach; Verena Große Frericks

Redaktion: Ulla Gerber; Annika Wiedemann, Leipzig
Redaktionsassistenz: Heike Etzold
Herstellung: Carolin Orlamünder, Carina Riehl

Umschlag und Layoutkonzeption: normaldesign GbR Jens-Peter Becker, Schwäbisch Gmünd
Satz: Schaltwarte | Medienbüro, Leipzig
Reproduktion: Meyle+Müller GmbH+Co. KG, Pforzheim
Druck: AZ Druck und Datentechnik GmbH, Kempten/Allgäu

Printed in Germany
ISBN 978-3-12-310081-9

9 783123 100819

Vorwort

Sprache eint Menschen. Wir alle verwenden sie – etwa als Dialekt in unserem Heimatort oder als Gruppensprache innerhalb eines Fachgebiets, manchmal auch als Sprachscherz, der nur innerhalb der Familie gebraucht und verstanden wird. Sprache kann aber auch entzweien und für hitzige Debatten sorgen – zum Beispiel wenn es um den Einfluss digitaler Kommunikationsmedien auf unsere Ausdrucksfähigkeit geht oder politisch korrekte Sprache gefordert wird. In jedem Fall beschäftigen sich gesunde Menschen im Wachzustand mit nichts anderem so sehr wie mit ihr – als Zuhörer und Sprecher, nicht zuletzt aber auch als Lernende. Die lernende Beschäftigung mit Sprache hat viele Facetten: Schon das ungeborene Kind erhört den Klang seiner Muttersprache. In riesigen Schritten erwirbt es nach der Geburt eine Sprachfähigkeit, die es ihm schon bald ermöglicht, sich mit anderen über sich und die Welt auszutauschen. Später dann lernt der junge Mensch diverse Spielarten seiner Muttersprache kennen, er lernt, wie man höflich spricht, wie man flucht, wie man flirtet, wie man einen Liebesbrief oder eine formelle E-Mail schreibt. Dieses Lernen über die Verwendung von Sprache hört dabei genau so wenig auf wie das Erlernen immer neuer Wörter und Wendungen.
In der Schule beschäftigen wir uns darüber hinaus häufig mit der Beschreibung von Sprache, vor allem mit den Regeln und Geboten von Grammatik und Stil. Die meisten Menschen lernen außerdem zumindest ein oder zwei weitere Einzelsprachen, Englisch etwa oder Latein.

Doch obwohl wir ständig von Sprache umgeben sind und sie gebrauchen, stellen wir uns nur selten Fragen über sie: Gibt es noch echte Dialekte? Was ist eigentlich Code-Switching? Bedeutet der permanente Wandel von Sprache, dass sie am Ende verfällt? Wie kommt es, dass Sprache so mühelos erlernt werden kann? Hat man beim Denken Wörter im Kopf oder Wortbedeutungen oder Vorstellungen von Bedeutungen?
Kann man ohne Sprache überhaupt denken? Dieses Heft möchte dazu einladen, über solch spannende Fragen und damit über Sprache, ihr Wesen und ihren Gebrauch nachzudenken, gerade auch dann, wenn man der beschreibenden Beschäftigung mit Sprache (Adjektiv oder Adverb? Metapher oder Metonymie?) bislang nicht so viel abgewinnen konnte.

Das Heft ist so konzipiert, dass es alle inhaltlichen Schwerpunkte zum Thema Sprache abdeckt, die Ihnen in der Oberstufe begegnen. Dazu gehört die Beschäftigung mit Sprachvarietäten (Kapitel 1 und 2), Sprachwandel (Kapitel 3), Spracherwerb (Kapitel 4) und dem Verhältnis von Sprache, Denken und Wirklichkeit (Kapitel 5 und 6), das im Leistungskurs behandelt wird. Jedes Kapitel folgt einem Lernweg, der Ihnen auf der jeweils ersten Seite angezeigt wird. Unter der Rubrik Wissen sind wichtige Lerninhalte zusammengefasst. Am Ende jeden Kapitels können Sie auf einer gesonderten Seite Ihr Wissen sichern und anwenden. Auf schriftliche Prüfungen bereiten Sie die beiden Schreibtrainings auf den Seiten 39 ff. und 61 ff. vor. Hier können Sie üben, wie Sie Schritt für Schritt einen Sachtext analysieren oder materialgestützt schreiben. Besonders praktisch: Alle Seiten sind gelocht, so dass Sie sie problemlos in Ihren Unterlagen abheften können.

Wir hoffen, Sie werden mit diesem Heft viel lernen und wünschen Ihnen
viel Erfolg für Ihre Abiturprüfungen!

1 Varietäten der deutschen Sprache

Mein Lernweg

A „Alles außer Hochdeutsch“
Norm und Variation wahrnehmen

B Die Architektur der Sprache
Variationsmodelle kennenlernen

C Knorke, astrein, endgeil
Merkmale von Jugendsprache beschreiben

D Wie leicht kann Sprache sein?
Ein aktuelles Sprachvorkommen bewerten

iStockphoto (Jasmina007), Calgary, Alberta

1 Gehen Sie durch den Klassenraum und teilen Sie Ihren Mitschülern mit, dass sie gut aussehen. Probieren Sie unterschiedliche Varianten mithilfe der oben genannten Beispiele aus.

2 Reflektieren Sie: Was hat das Verwenden der unterschiedlichen Ausdrücke in Ihnen ausgelöst? Und andererseits: Was wurde in Ihnen ausgelöst, als Ihre Mitschüler diese Ausdrücke Ihnen gegenüber verwendeten?

3 In einem Interview erklärt der Germanist Prof. Dr. Gardt auf die Frage, was Sprache über ihre Sprecher verrate: „Ich bin verlockt zu sagen: fast alles. Wir brauchen nur ein paar Worte zu sagen, vielleicht nur nach dem Weg zu fragen, schon zieht unser Gegenüber Rückschlüsse.“ Diskutieren Sie: Was verraten Ihnen die unterschiedlichen Ausdrücke über ihre Sprecher?

Die Sprache ist ein Verräter: Interview mit Kasseler Germanist. In: https://www.hna.de/kassel/sprache-verraeter-interview-kasseler-germanist-prof-andreas-gardt-6606510.html (abgerufen am 19.02.2018).

A „Alles außer Hochdeutsch"
Norm und Variation wahrnehmen

1 Schnacken, babbeln, schwätzen – oder doch lieber Hochdeutsch sprechen? Tauschen Sie sich über Ihre Erfahrungen mit regionalen Sprachvarietäten des Deutschen aus.

BASISTEXT

Interview mit Karl-Heinz Göttert: „Wir sprechen alles außer Hochdeutsch" (2011)

In seinem Buch unternimmt der Sprachwissenschaftler Karl-Heinz Göttert einen „Streifzug durch unsere Dialekte". Im Gespräch mit der Journalistin Mareike Hunfeld erklärt er, was es dabei zu entdecken gab.

Göttert: [...] Viele verbinden mit dem Begriff „Dialekt" noch die alten Dialekte. Zum Beispiel das tiefe Berlinerisch mit eigenem Lautstand und Vokabular, das der Schwabe nicht versteht und umgekehrt. Man muss aber berücksichtigen, dass sich diese alten Dialekte gewandelt haben: Sie haben sich immer mehr dem Hochdeutsch angepasst und sind stark abgeflacht. Aus ihnen sind regionale Umgangssprachen geworden, die breiter verständlich sind. Übrigens, der letzte Verflüchtigungsgrad des Dialektes ist der Akzent. Um es nun auf den Punkt zu bringen: Die alten Dialekte kehren nicht zurück, sie sind im Aussterben begriffen! Doch an ihre Seite sind diese neuen, abgeschwächten Dialekte mit regional typischen Färbungen getreten. Diese erweisen sich als sehr stabil!

Hunfeld: Tatsächlich? Werden sich diese neuen, abgeflachten Dialekte nicht immer weiter an die Hochsprache anlehnen, bis sie sich irgendwann komplett verflüchtigt haben?

Göttert: Nein. Schauen Sie sich doch einmal die Sprachen auf der Welt an: Es gibt kein Land, in dem es eine reine Hochsprache gibt. Selbst beim Englischen wird man sich fragen, was denn eigentlich „das" Englische ist: Ist es das britische Englisch, das amerikanische oder dasjenige, welches in Indien gesprochen wird? Es ist immer so: Sprachen, die von einer größeren Anzahl von Menschen gesprochen werden – und allein in Deutschland sind das ganze 82 Millionen –, hören sich niemals gleich an! [...]

Hunfeld: Wieso gibt es überhaupt Dialekte in Deutschland? Was hat daneben die Entwicklung einer deutschen Hochsprache motiviert?

Göttert: Da muss man einen weiten Bogen schlagen bis in die Zeit der Völkerwanderung, als sich die Germanen in dem Gebiet, das das heutige Deutschland umfasst, angesiedelt haben. Die verschiedenen Völkerstämme der Germanen brachten ihre eigenen unterschiedlichen Sprachen mit. Sie mussten sich aber auch untereinander verständigen können. So entstand der Druck, eine gewisse Gemeinsamkeit zu entwickeln. Gefestigt hat sich dieser Druck erst im 16. Jahrhundert, als der Buchdruck erfunden wurde und man das Interesse verfolgte, sich sprachlich für ein überregionales Publikum auszudrücken. Auch Luthers Bibelübersetzung spielt hier eine wesentliche Rolle, Sprache zu vereinheitlichen.

Hunfeld: Seit wann gibt es unsere Hochsprache im modernen Sinne?

Göttert: Erst im 18. Jahrhundert ist ein ordentliches Hochdeutsch erreicht – wohlgemerkt zunächst nur in der Schriftlichkeit. Für die Mündlichkeit gilt das erst im 19. Jahrhundert. Hier hat Konrad Duden für die richtige Orthografie gesorgt, und Theodor Siebs war darum bemüht, auch die Aussprache auf einen gemeinsamen Nenner zu bringen.

Hunfeld: Was ist mit der verbreiteten Vorstellung, dass, wer Dialekt spricht, provinziell und unseriös klingt? Und dass man dagegen mit der Hochsprache ein höheres Ansehen gewinnt und intelligenter und seriöser wirkt?

Göttert: Ich ärgere mich schwarz, wenn ich dieses Vorurteil höre. Denn wir sprechen nun einmal, wie auch der Titel meines Buches besagt, alles außer Hochdeutsch. Das bedeutet zum einen, dass wir in Deutschland alles Mögliche sprechen, nur kein Hochdeutsch: also Dialekt. Zum anderen ist aber auch das Hochdeutsch, das wir sprechen, alles außer Hochdeutsch, denn klanglich zeichnet sich die Sprache eines jeden Menschen durch Besonderheiten, insbesondere durch regionale Eigenheiten, aus, die er in das Hochdeutsche hineinträgt.

Ich möchte einmal besonders darauf hinweisen: Dialekt hat nichts mit Intelligenz, sondern einfach mit der biologischen Entwicklung des Sprachapparates eines jeden Menschen zu tun. [...]

https://www.welt.de/kultur/literarischewelt/article13753190/Wir-sprechen-alles-ausser-Hochdeutsch.html (abgerufen am 18.01.2018).

2 Lesen Sie das Interview mit Karl-Heinz Göttert und geben Sie kurz wieder, wie er Vorurteilen gegenüber Dialektsprechern begegnet.

3 Fassen Sie die Informationen aus dem Interview zusammen. Nutzen Sie auch die Wissensbox unten.

a) Welche Funktion hat Hoch- oder Standardsprache?

b) Welche Entwicklungen und Personen haben die Vereinheitlichung der deutschen Sprache vorangetrieben?

c) In welcher Beziehung stehen Dialekte, Regiolekte und Standardsprache?

WISSEN

Standardsprache, Dialekte und regionale Umgangssprachen

Die **Standard- oder Hochsprache** ist eine vereinheitlichte Sprache, mit der sich die Sprecher verschiedener Varietäten untereinander verständigen. Ihre Grammatik, Wortschatz und Aussprache sind schriftlich niedergelegt (kodifiziert). Allgemeine Verbindlichkeit entsteht in der Regel dadurch, dass sich der Staat hinter die Kodifizierung stellt und diese Sprachnorm zum Beispiel für den amtlichen Sprachgebrauch vorschreibt.
Der Begriff **Dialekt** (Mundart) stammt aus dem Griechischen (griech. *dialegomai*) und bedeutet „miteinander reden". Dialekte sind lokal gebundene und im Wesentlichen gesprochene Sprachformen, die sich von der standardsprachlichen Norm hinsichtlich Aussprache (Phonetik), Wortschatz (Lexik) und Grammatik (Morphologie, Syntax) zum Teil stark unterscheiden.
Als **regionale Umgangssprachen** (auch regionalsprachliche Varietäten oder Regiolekte) bezeichnet man Sprachsysteme zwischen Standardsprache und Dialekten, die Merkmale verschiedener Dialekte aufweisen und wesentlich durch einen charakteristischen Akzent geprägt sind.

AUFBAUTEXT

Drei große M lassen Dialekte schwinden (2013)

[...] Warum die Dialekte schwinden, erklärt Stefan Kleiner vom Institut für Deutsche Sprache in Mannheim mit einem griffigen Motto: „Ich nenne es die drei großen M: Mütter, Medien und Mobilität." Demnach sprechen manche Mütter mit ihren Kindern Hochdeutsch – aus Prestigegründen und damit die es in der Schule leichter haben. Dabei halten Sprachforscher die Sorge, ein starker Dialekt gehe mit einem niedrigen Bildungsgrad einher, für unbegründet.
Angefacht wurde das Dialekt-Sterben seit den 1920er Jahren: Mit der Einführung des Rundfunks fand das Hochdeutsche Eingang in die Wohnstuben der Menschen. „Es erscheint logisch, dass eine Sprachform, die uns in einheitlicher Form berieselt, Rückwirkungen auf das hat, was man als vorbildlich ansieht", sagt Kleiner. [...]
Auch die zunehmende Mobilität der Bundesbürger setzt dem Dialekt zu. Dies gilt nicht nur für die heutige Möglichkeit, bundesweit mit Menschen aus allen möglichen Regionen in Kontakt zu treten. Schon nach dem Zweiten Weltkrieg stellten Heimatvertriebene in vielen Regionen bis zu ein Drittel der Bevölkerung. Auch hier diente Hochdeutsch als Kompromiss zur gemeinsamen Verständigung. [...]

Mütter, Medien, Mobilität – Warum Dialekte sterben. Zitiert nach: https://www.welt.de/wissenschaft/article113938439/Muetter-Medien-Mobilitaet-Warum-Dialekte-sterben.html (abgerufen am 26.02.2018).

4 Erläutern Sie, welche Gründe im Text für den Rückgang der Dialekte aufgeführt werden.

A Ein Pausenhofgespräch unter Schülern

S1: *„Ich kann auch breakdancen."*

S2: *„Ja toll!"*

S2: *„Schön für dich!"*

S2: *„Wen juckt's?"*

S4: *„Wo is' der Bus?"*

S2: *„Wo is' die Kette?"*

S1: *„Wayne interessiert's?"*

S5: *„Wayne interessiert's. Wayne Rooney."*

S2: *„Voll whack alles hier."*

S1, S2 = Schüler 1; Schüler 2 usw.

Zitiert aus: Benjamin Könning: Pausengespräche. Zur Bedeutung eines vernachlässigten Gesprächstypus im Schulalltag. In: Der Deutschunterricht 1/2015, S. 94.

B E2EE (end-to-end encryption)

Die Ende-zu-Ende-Verschlüsselung, End-to-End Encryption (E2EE), ist eine gesicherte Übertragungstechnik, bei der alle Netzkomponenten, die sich auf der Übertragungsstrecke zwischen zwei kommunizierenden Netzteilnehmern befinden, in die Verschlüsselung einbezogen sind. Die Nachricht ist an jedem Punkt der Übertragungsstrecke verschlüsselt. Anders ist es bei der Punkt-zu-Punkt-Verschlüsselung, bei der die Daten auf Teilstrecken zwischen zwei Netzkomponenten verschlüsselt werden.

http://www.itwissen.info/E2EE-end-to-end-encryption-Ende-zu-Ende-Verschluesselung.html (abgerufen am 25.01.2018).

C § 186 Üble Nachrede

Wer in Beziehung auf einen anderen eine Tatsache behauptet oder verbreitet, welche denselben verächtlich zu machen oder in der öffentlichen Meinung herabzuwürdigen geeignet ist, wird, wenn nicht diese Tatsache erweislich wahr ist, mit Freiheitsstrafe bis zu einem Jahr oder mit Geldstrafe und, wenn die Tat öffentlich oder durch Verbreiten von Schriften (§ 11 Abs. 3) begangen ist, mit Freiheitsstrafe bis zu zwei Jahren oder mit Geldstrafe bestraft.

https://www.gesetze-im-internet.de/stgb/index.html (abgerufen am 25.01.2018).

5 Die Texte A–C zeigen weitere Varietäten des Deutschen. Benennen Sie jeweils die Textsorte und charakterisieren Sie sprachliche Besonderheiten.

Text A: ______________________________

____

Text B: ______________________________

____

Text C: ______________________________

____

6 Ordnen Sie die Texte bestimmten Sprachvarietäten zu. Nutzen Sie die Informationen in der Box.

WISSEN

Fachsprachen und Soziolekte

Zu den Varietäten einer Sprache gehören auch Fach- und Gruppensprachen. **Fachsprachen** dienen der Verständigung innerhalb eines Sachbereiches und weisen insbesondere einen spezifischen Fachwortschatz aus. In vielen Berufsfeldern ist Fachsprache unverzichtbar, um Vorgänge und Phänomene präzise zu beschreiben. Gruppensprachen (**Soziolekte**) sind Varietäten, die innerhalb von sozialen Gruppen zur Abgrenzung gegenüber anderen und der Stärkung des Zugehörigkeitsgefühls gebraucht werden.

B Die Architektur der Sprache

Variationsmodelle kennenlernen

AUFBAUTEXT

Eugenio Coseriu: Architektur der Sprache (1976)

Mit Blick auf die vielen Varietäten des Deutschen und vieler anderer Sprachen hat der Sprachwissenschaftler Eugenio Coseriu (1921–2002) das Konzept der „Architektur der Sprache" entworfen und wie folgt beschrieben.

Wir müssen [...] der Verschiedenheit der Sprachtechnik in der synchronischen Sprache Rechnung tragen. Dabei stellen wir drei Arten von Unterschieden fest:

a) im Raum: *diatopische Unterschiede*
b) in den sozial-kulturellen Schichten: *diastratische Unterschiede*
c) zwischen den Typen der subjektiven Ausdrucksweisen (z. B. einer familiären und einer gehobenen Ausdrucksweise): *diaphasische Unterschiede.*

Durch die Abgrenzung dieser Unterschiede [...] stellen wir in einer synchronischen, historischen Sprache *diatopische, diastratische* und *diaphasische* Einheiten (Systeme) fest. Die diatopischen Einheiten nennt man gewöhnlich *Dialekte (Mundarten)* [...]. Für die diastratischen und diaphasischen Einheiten oder Systeme gibt es keine allgemein üblichen Fachausdrücke; wir werden sie *Sprachstufen* (oder *Niveaux*) und *Sprachstile* nennen.

Eugenio Coseriu: Das romanische Verbalsystem. Hrsg. v. Hansbert Bertsch. Tübingen: Gunter Narr, 1976, S. 27 f.

1 Erläutern Sie, nach welchen Kriterien Coseriu die Varietäten einer Sprache unterscheidet.

diatopische Unterschiede: ______

diastratische Unterschiede: ______

______

diaphasische Unterschiede: ______

______

WISSEN

Stil
Das Wort „Stil" leitet sich vom lateinischen Wort *stilus*, „Schreibstift", ab und bedeutet „die Art zu schreiben (und zu sprechen)". Allgemein kann Stil als eine **charakteristische Auswahl von sprachlichen Mitteln** verstanden werden. Man wählt also zum Beispiel die Ausdrücke „mit Hochdruck" oder „weinen" anstelle von „intensiv" oder „heulen". Die Auswahl der Ausdrücke richtet sich **nach der jeweiligen Sprachverwendungssituation bzw. der kommunikativen Absicht** des Sprechers (Schreibers).

2 Erläutern Sie das folgende Zitat von Coseriu anhand eines konkreten Beispiels.

„Die diatopischen, diastratischen und diaphasischen Unterschiede treten in der historischen Sprache miteinander kombiniert auf: Für jede Mundart kann man Sprachstufen und Sprachstile feststellen; für jede Sprachstufe mundartliche und stilistische Unterschiede usw. [...] Gerade diese Gestaltung von Mundarten, Sprachstufen und Sprachstilen nenne ich die *Architektur der Sprache.*"
Eugenio Coseriu: Das romanische Verbalsystem. Hrsg. v. Hansbert Bertsch. Tübingen: Gunter Narr, 1976, S. 28.

______

______

______

AUFBAUTEXT

Werner König: Subsysteme des Deutschen (2011)

Werner König: dtv-Atlas Deutsche Sprache. 18., durchges. und korr. Auflage. München: dtv, 2015, S. 136.

AUFBAUTEXT

Helmut Henne: Die innere Mehrsprachigkeit (1998)

Helmut Henne: Die innere Mehrsprachigkeit des Deutschen.
In: Peter Braun: Tendenzen in der deutschen Gegenwartsprache.
Sprachvarietäten. Stuttgart et. al.: Verlag W. Kohlhammer, 1998, S. 12.

3 Erschließen und vergleichen Sie die beiden Modelle zu den Varietäten der deutschen Sprache.

Gemeinsamkeit:

Unterschied	König	Henne
Art der Darstellung	*– einfaches Schichtmodell*	*– differenziertes Schichtmodell*
die Bestimmung der Norm bzw. des Standards	*– allein die Schulnorm steht im Zentrum*	

4 PLUS Bewerten Sie die Modelle von König und Henne.

C Knorke, astrein, endgeil
Merkmale von Jugendsprache beschreiben

Kontext: normalerweis solche Sätze von Ärzten (Hilfe anbieten)

Teddy Tietz, Neuss

1 Erklären Sie die Pointe der Karikatur und kommentieren Sie sie kurz.

Die Pointe der Karikatur besteht darin, dass die Jugendsprache im übertriebenen dargestellt wird. Somit versteht der Polizist ihm nicht. Ein weiter Punkt ist dass der Polizei nicht in dem Alter ist und somit die Sprache versteht

WISSEN

Bilddominierte Materialien untersuchen

Bilddominierte Materialien gehören im weiteren Sinne zu den sogenannten **nicht-linearen Texten**. Das sind Texte, deren Lesereihenfolge nicht durch den Textverlauf vorgegeben ist, sondern den Leserinnen und Lesern überlassen bleibt. Für eine **Analyse** solcher Materialien muss man die einzelnen **Informationen und Bildeigenschaften beschreiben und in Beziehung setzen**, um so die **Botschaft** zu entschlüsseln.
Folgende Aspekte sollten Sie bei der Analyse und Bewertung beachten:
- **Bildart:** Fotografie, Zeichnung, Werbeanzeige, Karikatur, …
- **Bildinhalt:** Überschrift/Titel des Bildes und weitere sprachliche Bestandteile, Personen und deren Mimik und Gestik, Gegenstände und deren Position, Räume, Pfeile, …
- **Bildgestaltung:** Perspektive, Größenverhältnisse, Bildkomposition, Farben, Zeichenstil, …
- **Bildfunktion:** Werben, Aufmerksamkeit erregen, zum Nachdenken anregen, …
- **Urheber und Erscheinungsort:** Tageszeitung, Sammelband, private Webseite, …

2 Beschreiben Sie die Karikatur ausführlich. Nutzen Sie dazu die Wissensbox. Charakterisieren Sie auch die verwendeten Varietäten der abgebildeten Personengruppen.

AUFBAUTEXT

Veränderungen im Sprachgebrauch der Jugendlichen vom späten 19. bis ins frühe 21. Jahrhundert

Zeitraum	vor 1900	1900–1930	1960–1970	1970–1980	1980–1990	1990–2000	nach 2000
Ausdruck der Bewunderung	famos, delicat, splendid	fabelhaft, knorke, fein, tadellos	dufte, wonnig, flott	bombastisch, toff, hip	astrein, galaktisch, oberaffengeil	ultrakrass, verschärft, granatenmäßig	fett, endgeil, verludert
Ausdruck der Missachtung	impertinent, stokmiserabel	gemein, mies, scheußlich	abgelaufen, bescheuert, vergammelt	undufte, urinös, krank	fies, finster, ätzend	abgefuckt, beknackt, ungeil	assig, gaga, pissig
jemanden umwerben	backfischen, poussieren	anschwirren, balzen, schwärmen	aufreißen, anbohren	Süßholz raspeln, miezeln, aufreißen	angraben, anmachen, auf Hasenjagd gehen	anbaggern, anlabern, sich ranschmeißen	gruscheln, smirten, scannen
Bezeichnung für Frau	flotter Besen, Grazie, Nymphe	Flamme, Schnalle, Maus	Biene, Mieze, steiler Zahn	Puppe, Schnecke, Torte	Braut, Sahneschnitte, Schnalle	Feger, Tussi, Perle	Chica, Chick, Keule
Bezeichnung für Mann	Camuff, Laffe	Armleuchter, Dussel	Heini, Trottel, Macker	Knalltüte, Obertrottel, Hammertyp	Scheich, Hirni, Spasti	Nullchecker, Spacko, Lover	Loser, Honk, Opfer

Claudia Janetzko/Marc Krones am Germanistik-Lehrstuhl Professor Eva Neuland, Universität Wuppertal (basierend auf 15 Sprachlexika). Zitiert nach: http://vds-ev.de/wp-content/uploads/2017/02/ag-jugendsprache_dossier.pdf (abgerufen am 20.09.2017).

3 Untersuchen Sie die Übersicht zum Wortschatz der Jugendsprache aus den letzten 100 Jahren.

a) Benennen Sie die Methode, mit der die Ausdrücke gesammelt wurden, und nennen Sie Vor- und Nachteile.

Vorteil aus 15 Lexikas
Nachteil nicht jedes steht darin

b) Halten Sie fest, welche Schlüsse sich aus den Beispielen auf den Charakter von Jugendsprache ziehen lassen.

humorvoll, ironisch, mit Gegenständen bezeichnet, Geschlechter bezogen

c) Jugendsprache ist entlehnungsfreudig. Prüfen Sie diese Aussage anhand der Übersicht.

seit Globalisierung Wörter aus anderen Sprache

4 Ergänzen Sie die Zusammenstellung um heute geläufige Bezeichnungen. Legen Sie dazu eine Tabelle an und tragen Sie Ihre Beispiele dort ein.

Zeitraum	Heute
Ausdruck der Bewunderung	

BASISTEXT

Matthias Heine: So dufte waren Opas Jugendwörter (2015)

Wenn die Wuchtbrumme Drüsenschau machte, war das für den Macker mit Bürste eine Zentralschaffe. Ein altes Lexikon erklärt die Jugendwörter von 1962. Ein Rätsel der DDR-Sprache wird auch gelöst.

Es läuft und läuft und läuft: Der topaktuelle Jugendjargon sieht ganz alt aus, wenn man ihn mit einem Wörterbuch der Jugendsprache von 1962 vergleicht. 2014 hatte bekanntlich eine vom Verlag Langenscheidt zusammengerufene Jury die Redensart ***Läuft bei dir*** zum Jugendwort des Jahres gewählt. Die wird übersetzt mit „Du hast es drauf!" oder einfach „cool".

Diesen Spruch hätten auch schon Teenager der frühen Sechzigerjahre verstanden, denn „Das Wörterbuch der Teenager- und Twensprache" von 1962 verzeichnet unter dem Stichwort ***laufen*** schon die Redensarten ***Es läuft*** „es ist was los", ***Was läuft?*** „Was ist los?", ***die Sache läuft*** „eine Sache ist in Gang gekommen, eine Sache geht gut, sie läuft sozusagen in den richtigen Bahnen". 2014 sind die Zutaten rund um den semantischen Zentralbegriff ***laufen*** nur etwas anders zusammengesetzt. [...]

Überhaupt offenbart ein Blick in das Fundstück, wie haltbar der Teenagerjargon von 1962 war und wie viele Wörter daraus sich langfristig in der allgemeinen Umgangssprache festgesetzt haben. Zwar sind „Steiler Zahn und Zickendraht", die dem Buch seinen Titel gegeben haben, aus der Mode gekommen. Auch dufte, den „meistgebrauchten Allerwelts-Spezial-Ausdruck der Teens und Twens" (Lexikon-Zitat), kennt man zwar noch, aber keiner sagt es mehr. Doch Ausdrücke wie ***Kumpel*** „Freund, Genosse", ***abgebrüht*** „unempfindlich" oder Redensarten wie ***ein Fass aufmachen*** „eine Party geben" und ***auf etwas stehen*** „etwas gut finden" benutzt man heute noch.

Zentrale Themen der Jugendsprache waren damals wie heute die Beziehungen zwischen dem weiblichen und männlichen Geschlecht. Und schon vor 53 Jahren wurden wesentlich mehr abschätzende und abfällige Ausdrücke verzeichnet, in denen sich Jungen über Mädchen äußern, als umgekehrt. Attraktive Frauen mussten sich damals gefallen lassen, als ***Bombe***, ***Biene***, ***Eule***, ***Ische***, ***dufte Kante***, ***steiler Zahn***, ***Stoßzahn*** oder ***Wuchtbrumme*** bezeichnet zu werden. Wenn ***Fahrgestell*** „Beine" und ***Berliner*** „Busen" bei einer ***Drüsenschau*** für gut befunden wurden, waren sie als ***Flamme*** oder ***Stammzahn*** begehrt.

Weniger gefragte Mädchen wurden als ***Apparat*** (wenn sie dick waren), ***Säge***, ***Lusche*** (mit dem Beiklang des Schmuddeligen), ***Zicke*** (albern und eingebildet) oder ***Krücke*** abgetan. ***Zahn*** war der Ausdruck für ein Mädchen allgemein. Wenn es sehr jung war, lag nahe, es ***Milchzahn*** zu nennen.

Tolle Männer nannte man ***Hahn***, ***Hirsch***, ***Macker*** oder ***Star***. Beurteilte man sie negativ, stand in der Jugendsprache 1962 entweder ***Geige***, ***trübe Tasse***, ***Zickendraht*** „Langweiler", ***halbes Hemd*** „großmäuliger Schwächling" oder ***Stapler*** „Angeber" zur Verfügung. [...]

Die angesagte Frisur bei jungen Männern war 1962 ganz klar der Bürstenschnitt. Für ihn kennt das Wörterbuch allein drei Ausdrücke: ***Bürste***, ***Blocker*** oder ***Koreapeitsche*** – letzteres, weil man die Frisur zuerst bei den amerikanischen Soldaten gesehen hatte, die in den Fünfzigerjahren im Koreakrieg kämpfen mussten.

Das Buch wurde von einer „Arbeitsgemeinschaft Zentralschaffe" verfasst. ***Zentralschaffe*** war ein Kernausdruck der Jugendsprache damals und bedeutete „wichtige großartige Sache". Wer sich hinter dem Pseudonym verbirgt, ist unklar. Kulturhistorisch interessant ist allerdings, dass das Bändchen in enger Zusammenarbeit mit der Redaktion der Zeitschrift „Twen" entstand und auch mit Fotos aus deren Archiv bebildert wurde. Das Magazin „Twen", das von 1959 bis 1971 erschien, gilt heute als in Design und Inhalt epochemachendes Medium, das Maßstäbe nicht nur für den deutschen Journalismus setzte.

Dennoch – so ist alten Zeitungsartikeln zu entnehmen – war das Wörterbuch nicht unumstritten: Auch 1962 gab es Jugendliche, die behaupteten, diese „Teenagersprache" sei ihnen völlig unbekannt. Damals wie heute war die Jugendsprache natürlich nie so einheitlich wie die Standardsprache, sondern von Region zu Region oder gar von Schule zu Schule sehr unterschiedlich.

Bevorzugtes Kleidungsstück war 1962 die ***Bluejeans*** (das Kürzel ***Jeans*** setzte sich erst in den Siebzigern durch). Erwachsene nannten sie ***Nietenhose***, weshalb dieses Wort natürlich nicht im Wörterbuch steht, bei Jugendlichen hießen sie ***Röhren*** oder ***kanische Röhren***.

Überraschender ist, dass 1962 – kurz bevor die Beatles die Welt veränderten – immer noch Jazz die musikalische Leitkultur gewesen zu sein scheint. Das kann man daraus schließen, dass in „Steiler Zahn und Zickendraht" Jargonwörter für die Klarinette (***Gichtstengel***, ***Jubelrohr***, ***Wurzel***), die Bassgeige (***Badewanne***, ***Hundehütte***), das Banjo (***Pfanne***), das Klavier (***Drahtkasten***, ***Klimperkasten***, ***Drahtkommode***), das Schlagzeug (***er schlägt einen flotten Knüppel*** „ein tolles Schlagzeugsolo") und das Saxofon (***Kanne***) stehen, aber keine für ein so rock-'n'-roll-typisches Instrument wie die E-Gitarre. Vielleicht lag es aber auch daran, dass die

Leserschaft von „Twen“ eher aus Gymnasiasten und Studenten bestand und Rock 'n' Roll eine Lehrlings- und Hauptschülermusik war. [...]

Eine echte Entdeckung ist, dass das Adjektiv ***schau***, das genau wie ***urst*** im Westen als Inbegriff der Jugendsprache der DDR galt, offenbar früher auch in der Bundesrepublik gebräuchlich war. Jedenfalls steht im Wörterbuch, dass man beispielsweise ***schaues Laufwerk*** „schöne Beine“ sagen konnte. Offenbar hat sich in der DDR ganz einfach nicht nur das Alltagsdesign (der Trabbi sah ja aus wie ein Westauto von 1962), sondern auch die Alltagssprache länger gehalten.

Süddeutsche Zeitung Photo (Hannes Betzler), München

Ein auffälliger Kontrast zur Jugendsprache 2015 ist die fast völlige Abwesenheit von Wörtern aus fremden Sprachen. Zwar tauchen ein paar Anglizismen auf – neben ***Bluejeans*** sind das etwas ***Sticks*** „Zigaretten“ –, aber es fehlen naturgemäß Wörter aus den Soziolekten der Einwanderer wie ***Babo*** „Chef, Anführer“, ***jalla*** „schnell“ oder ***Hayvan*** „Tier“, über die die Jury für das „Jugendwort des Jahres“ in den vergangenen Jahren immer mal diskutierte; ***Babo*** holte 2013 sogar den Titel. Nicht-europäische Gastarbeiter kamen in größeren Gruppen erst nach dem Abschluss des Anwerbevertrags mit der Türkei (1961). Es gab sogar bald darauf schon Abkommen mit arabischsprachigen Ländern wie Marokko (1963) und Tunesien (1965), aber sprachlich hatte das kaum Konsequenzen. Die Leit-Fremdsprache der Jugend blieb bis in die Neunziger Englisch, erst mit der Hip-Hop-Kultur wurden Türkisch und Arabisch satisfaktionsfähig.

Ebenfalls vergeblich sucht man in „Steiler Zahn und Zickendraht“ ein Äquivalent zum ***Alpha-Kevin*** – dem disqualifizierten Kandidaten fürs „Jugendwort 2015“. Auch Gegenstücke zum ***Prolo*** oder ***Proll*** gibt es nicht. Im Wörterbuch sind keine Ausdrücke verzeichnet, die Rückschlüsse auf Klassengegensätze zulassen. Die Sechzigerjahre waren, das belegt jede Statistik, die Epoche, in der die BRD nach dem Wirtschaftswunder dem Ideal allgemeiner Gleichheit am nächsten kam. Natürlich gab es auch damals gesellschaftliche Ungleichheit, aber anscheinend hatten zumindest Jugendliche noch nicht das Bedürfnis, darüber zu reden oder sich gar verbal von Armen oder Ungebildeten zu distanzieren.

Matthias Heine: So dufte waren Opas Jugendwörter. Zitiert nach: https://www.welt.de/kultur/article145411821/So-dufte-waren-Opas-Jugendwoerter.html (abgerufen am 20.09.2017).

5 Matthias Heine stellt in seinem Artikel ein Jugendwörterbuch von 1962 vor. Markieren Sie Textstellen, in denen er allgemeine Merkmale der Jugendsprache gestern und heute benennt.

6 Prüfen Sie Ihr Textverständnis, indem Sie die folgenden Fragen mithilfe von Textbelegen beantworten.

a) Welcher Zusammenhang besteht nach Heine zwischen Jugend- und Umgangssprache?

b) Für welche zentralen Themen werden Heine zufolge jugendsprachliche Ausdrücke verwendet?

c) Worin unterscheidet sich laut Heine die heutige von der Jugendsprache vor rund 60 Jahren? Tabelle

BASISTEXT

Eva Neuland: Variationsspektrum Jugendsprache (2008)

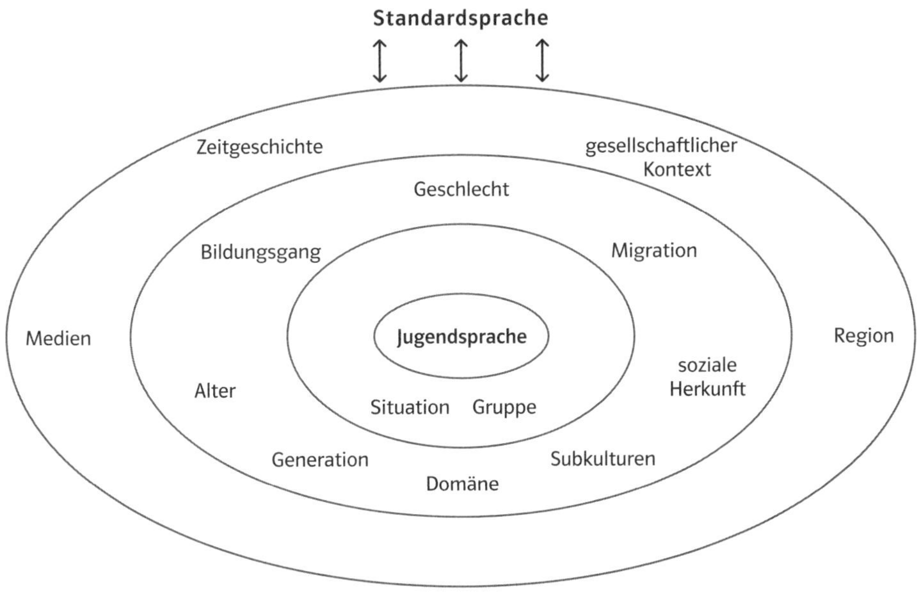

Eva Neuland war von 1995–2013 Professorin für Didaktik der deutschen Sprache und Literatur an der Bergischen Universität Wuppertal. Sie forscht unter anderem zum Thema Jugendsprache.

Eva Neuland: Jugendsprache. Eine Einführung. Tübingen und Basel: A. Francke Verlag, 2008, S. 69.

AUFBAUTEXT

Astrid Herbold: Es gibt nicht die eine Jugendsprache (2013)

[...] Es gibt nicht die eine Jugendsprache, da sind sich Sprachwissenschaftler einig. Es gibt regionale Moden, die sich massiv voneinander unterscheiden und sehr schnell verändern. Jugendliche in Steglitz reden möglicherweise anders als Jugendliche in Hellersdorf, Jugendliche, die in Sportvereinen aktiv sind, benutzen andere Ausdrücke als Jugendliche aus der Computerspielszene. In Berlin können andere Begriffe angesagt sein als in München. Und was heute in einer Clique als coole Insiderformulierung gilt, kann morgen von einer anderen schon als völlig veraltet abgestempelt werden. [...]

Astrid Herbold: Wenn Jugendliche einfach nur noch „kp" haben. Zitiert nach: https://www.morgenpost.de/familie/article121479804/Wenn-Jugendliche-einfach-nur-noch-kp-haben.html (abgerufen am 26.01.2018).

7 Setzen Sie die Aussagen von Astrid Herbold in Bezug zu dem Modell der Sprachwissenschaftlerin Eva Neuland. Beziehen Sie Ihren eigenen Sprachgebrauch in Ihre Überlegungen ein.

8 Nehmen Sie Stellung zu dem in Neulands Modell dargestellten Zusammenhang zwischen Standard- und Jugendsprache: Wie wirken diese beiden Varietäten aufeinander ein?

D Wie leicht kann Sprache sein?
Ein aktuelles Sprachvorkommen bewerten

Was ist Leichte Sprache?

– *kurze Sätze (mit maximal zehn Wörtern)*

Viele Menschen haben Lese•schwierigkeiten.

Das heißt:

Diese Menschen haben Probleme mit dem Lesen von Texten.

Deshalb lesen diese Menschen vielleicht nur sehr wenig.

Oder diese Menschen lesen vielleicht gar **nicht**.

Aber alle Menschen sollen Texte lesen können.

Deshalb gibt es Texte in **Leichter Sprache**.

http://www1.wdr.de/hilfe/leichte-sprache/regeln-100.html (abgerufen am 19.09.2017).

1 Lesen Sie den Erläuterungstext und beschreiben Sie sprachliche und formale Besonderheiten.

2 Markieren Sie in dem Text von Adelheid Müller-Lissner weitere Merkmale Leichter Sprache, um Ihre Beschreibung von Aufgabe 1 zu ergänzen.

BASISTEXT

Adelheid Müller-Lissner: Sag's einfach! (2017)

„Leichte Sprache" soll der Inklusion dienen, Behördentexte und Wortungetüme verständlich machen. Übersetzer vom Deutschen ins Deutsche stehen vor Herausforderungen.

Wahlprogramme, Lohnsteuerjahresausgleich, Rentenantragsformulare – Hürden des Alltags für funktionale Analphabeten
Adobe Stock (thodonal), Dublin

„Viel Wichtiges steht geschrieben. Schwarz auf Weiß." Der Klassiker von Langer, Schulz von Thun und Tausch aus dem Jahr 1974 beginnt prägnant. Dieser Einstieg ist Programm: Schließlich haben die drei Hamburger Psychologen ihre (empirische) Forschung der Frage gewidmet, wie „Verständlichkeit" zu erreichen ist. Einfachheit in Wortwahl und Satzbau ist eine der Dimensionen, auf die es nach ihren Erkenntnissen ankommt, dazu kommen Ordnung, Prägnanz. Den Psychologen ging es seinerzeit um alle Leser und Leserinnen im Land: „Jeder Bürger muss viel lesen und verstehen, um sachgerecht zu handeln und um seine Umwelt verantwortlich mitgestalten zu können." Ihre Beispiele: Wahlprogramme, Lohnsteuerjahresausgleich, Rentenantragsformulare. [...] Allein diese Wortungetüme schließen allerdings eine große Gruppe von Bürgerinnen und Bürgern von vornherein aus: Wie die vom Bundesministerium für Bildung und Forschung (BMBF) geförderte Level-One-Studie (kurz: Leo) im Jahr 2011 zeigte, sind 7,5 Millionen Menschen „funktionale Analphabeten". [...] Ihnen allen können Texte in „Leichter Sprache" helfen, wie sie Bundesbehörden inzwischen bei ihren Online-Auftritten verpflichtend anbieten müssen. Der Begriff wird hier bewusst großgeschrieben: Es ist inzwischen ein Fachbegriff. Zwar hat Leichte Sprache naturgemäß vieles mit den Vorschlägen zur „Verständlichkeit" gemein, die die Hamburger Psychologen in ihrem gleichnamigen Buch schon in den 70er Jahren des vorigen Jahrhunderts machten. [...] Doch sie ist nicht einfach nur einfach. Sie folgt strengen Regeln, für deren Einhaltung es inzwischen mehrere Gütesiegel gibt. So hat der Verein „Netzwerk Leichte Sprache" Regeln aufgestellt, und auf europäischer Ebene existiert ein Gütesiegel von „Inclusion Europe" für Texte in Leichter Sprache. Mit ihren kurzen, allenfalls eine knappe Zeile umfassenden Sätzen ohne Nebensätze und Kommas, der ständigen Wiederholung von eingeführten Begriffen und Personennamen, dem größeren Zeilenabstand und den eingerückten Worterklärungen gleichen sie eher Listen als Fließtexten.

D

„Leichte-Sprache-Übersetzung ist keine leichte Sache. Schwierige Sachverhalte mit extrem reduzierten sprachlichen Mitteln zu vertexten, ist eine große Herausforderung für die Übersetzerinnen und Übersetzer", sagt die Sprachwissenschaftlerin Christiane Maaß, Gründerin und Leiterin der Forschungsstelle für Leichte Sprache am Institut für Übersetzungswissenschaften und Fachkommunikation der Uni Hildesheim. [...] Die Aufgabe gleicht teilweise der Quadratur des Kreises: Zahlreiche Begriffe müssen bei diesen Übersetzungen vom Deutschen ins Deutsche erklärt werden, andererseits sollten gerade Texte in Leichter Sprache nicht zu lang sein. Die Schreibung sollte vom Gewohnten nicht abweichen, schließlich ist die Leichte Sprache nur eine „Varietät" der deutschen Standardsprache, deren bessere Beherrschung viele Nutzer der Leichten Sprache anstreben.

Mit Wortungetümen sind sie überfordert, doch nicht immer kann man sie restlos zerlegen. Das Hildesheimer Forscherteam hat sich deshalb Tricks wie den „Mediopunkt" ausgedacht. Er soll in einem zusammengeschriebenen Wort die Grenzen zwischen einzelnen Lexemen markieren und konkurriert nicht mit herkömmlichen Satzzeichen [...].

Doch eignet sich auch die noch elementarere Leichte Sprache mit ihren kurzen Sätzen und sachlichen Erläuterungen für Literarisches? Schließlich schlägt Verständlichkeit hier bewusst die Ästhetik. Maaß und ihre Forschungsgruppe möchten in Zukunft trotzdem verschiedene Textgattungen in den Blick nehmen. „Wir fragen uns, was man tun kann, damit die Texte nicht auseinanderbrechen."

Zum Beispiel Märchen. „Ein textübergreifender Wiedererkennungseffekt ist hier wichtig, dieser Rahmen stützt das Verständnis", sagt Maaß. Nach dem Vorschlag der Forschungsgruppe beginnen die bekannten Märchen der Gebrüder Grimm deshalb auch in Leichter Sprache alle gleich: „Es war einmal: So fangen Märchen an. Ein Märchen ist eine sehr alte Geschichte."

Adelheid Müller-Lissner: Sag's einfach! Zitiert nach: http://www.tagesspiegel.de/wissen/leichte-sprache-sags-einfach/19333834.html (abgerufen am 19.09.2017).

3 Eine „Quadratur des Kreises" (Z. 32)? Erproben Sie das Schreiben in Leichter Sprache und übertragen Sie den Text von Artikel 1 der Menschenrechte in Leichte Sprache.

Artikel 1 „Allgemeine Erklärung der Menschenrechte" nach der Resolution 217 A (III) der Generalversammlung der Vereinten Nationen vom 10. Dezember 1948

Alle Menschen sind frei und gleich an Würde und Rechten geboren. Sie sind mit Vernunft und Gewissen begabt und sollen einander im Geiste der Brüderlichkeit begegnen.

http://www.lebenshilfe-nds.de/de/Artikel-1.php (abgerufen am 30.01.2018).

4 Erörtern Sie, ob und in welchen Fällen Leichte Sprache an Grenzen stößt. Beziehen Sie dabei auch den letzten Absatz des Textes von Müller-Lissner ein.

5 **PLUS** „[S]chließlich ist die Leichte Sprache nur eine ‚Varietät' der deutschen Standardsprache" (Z. 34 f.). Nehmen Sie Stellung zu dieser Aussage.

Mein Wissen sichern und anwenden

1 Widerlegen Sie die folgenden Meinungen und Urteile zum Thema Sprachvarietäten.

Dialekt und Akzent meint dasselbe.

Wer Dialekt spricht, ist ungebildet.

Fachleute grenzen sich mit ihrer Sprache absichtlich von der Allgemeinheit ab.

Jugendsprache ist beleidigend und ein Zeugnis für den Untergang der Sprache.

2 Setzen Sie sich begründet mit dem folgenden Vorurteil auseinander. Beziehen Sie in Ihre Argumentation den Text von Werner König ein.
„In Norddeutschland spricht man das reinste Hochdeutsch."

Werner König: Etwas jüngere Sprachgeschichte (2013)

Eine dialektal geprägte Mündlichkeit gab es seit jeher; um 1650 z. B. beschreibt sie der Universalgelehrte Schottelius als Faktum. Wir wissen aber auch davon, dass man landschaftliche Sprachformen positiv oder negativ bewertet hat. Zum Beispiel wurde bis mindestens 1800 die Aussprache in Obersachsen (nicht: Niedersachsen), also die von Dresden oder Leipzig, als vorbildlich angesehen. Danach folgte die Ansicht, dass die norddeutsche Aussprache am besten sei. Vor allem für die Bühne und das ernste Drama wollte man eine Aussprache, die sich ohne regionale Färbung möglichst nahe an der Schreibung bewegt.
Im Zweifel war die Schreibung Richtschnur für die Aussprache – und das seit mehreren Jahrhunderten. Die Norddeutschen hatten bis ins 20. Jahrhundert hinein die wohl schriftnähere Aussprache, wenn sie hochdeutsch gesprochen haben. Heute ist das sicher nicht mehr der Fall. Man vergleiche die schon vorher beschriebenen Abweichungen des Nordens (*fund* [Pfund], *dink* [Ding] und *lecht* [legt]). Das längst obsolete Faktum von der schriftnäheren Aussprache der Norddeutschen aber wirkt in den Gehirnen weiter, die Menschen im Norden gewinnen daraus Selbstbewusstsein, sie fühlen sich den Süddeutschen sprachlich überlegen.

Werner König: Wir können alles. Außer Hochdeutsch. Zum Diskriminierungspotential dieses Slogans. In: Sprachreport 4/2013.
Zitiert nach: http://pub.ids-mannheim.de/laufend/sprachreport/pdf/sr13-4a.pdf (abgerufen am 30.01.2018).

3 Erläutern Sie den Unterschied zwischen einer Varietät und einer stilistisch auffälligen Sprachverwendung.

2 Dialekte und Soziolekte

Mein Lernweg

A **„Giff müi müine Sproke truijje!"** Einblicke in das Niederdeutsche gewinnen

B **„Dialekt stirbt nicht"** Die gesellschaftliche Bedeutung von Dialekten beurteilen

C **„Dat durfte nit passieren"** Regiolekte erkennen

D **Einer von uns?** Die Verwendung von Jugendsprache in den Medien reflektieren

E **„Lassma Viktoriapark gehen, Lan"** Positionen zur Einordnung des Kiezdeutschen vergleichen

F **„Vong Sprache her"** Eine mediale Sprachverwendung beurteilen

Deutsche Sprache in Texas?

Das Bild wurde aufgenommen in Fredericksburg (Texas). Hier wird, vor allem von der älteren Generation, noch eine ungewöhnliche Varietät des Deutschen gesprochen, das sogenannte „Texasdeutsch". 1846 wurde Fredericksburg von deutschen Einwanderern gegründet. Diese weigerten sich, Englisch zu sprechen, und bildeten eine deutsche Sprachinsel. Mit der Zeit entstand daraus der Dialekt, den zu seiner Hochzeit um 1880 bis zum Ersten Weltkrieg ungefähr 100 000 Menschen sprachen. Heute geht man von ca. 10 000 Sprechern aus, Linguisten rechnen mit einem Aussterben des Texasdeutschen in spätestens 30 Jahren.

Picture-Alliance (dpa/Chris Melzer), Frankfurt

Einige Beispiele für das Texasdeutsche:

Texasdeutsch	Englisch	Hochdeutsch
Die Kuh ist über die fence gejumped.	The cow jumped over the fence.	Die Kuh ist über den Zaun gesprungen.
Kegeling	Bowling	Kegeln
Wir meeten uns heute in town.	We meet in town today.	Wir treffen uns heute in der Stadt.
mitaus	without	ohne
Die Stinkkatze sitzt auf meine tools.	The skunk sits on my tools.	Das Stinktier sitzt auf meinem Werkzeug.
Flugschiff	airplane	Flugzeug

1 **Betrachten Sie das Bild und die Überschrift des Textes: Welche Fragen ergeben sich? Ist Texasdeutsch ein Dialekt?**

2 **Überlegen Sie mithilfe des Informationstextes und der Beispiele: Wie und warum könnte aus der anfänglichen Sprachinsel des Deutschen in Fredericksburg das Texasdeutsch entstanden sein?**

3 **Versetzen Sie sich in die Situation eines Texasdeutsch sprechenden Fredericksburgers. Schreiben Sie Ihren Verwandten in Deutschland eine Nachricht (auf Texasdeutsch), in der Sie erklären, was Ihnen Ihr Dialekt bedeutet.**

„Giff müi müine Sproke truijje!“

Einblicke in das Niederdeutsche gewinnen

1 Vergleichen Sie mithilfe der Karte, wie die Wörter *machen, ich, das, Dorf, Pfund* und *Apfel* in den drei Dialektlandschaften des Deutschen ausgesprochen werden. Nennen Sie die Laute, die sich jeweils unterscheiden.

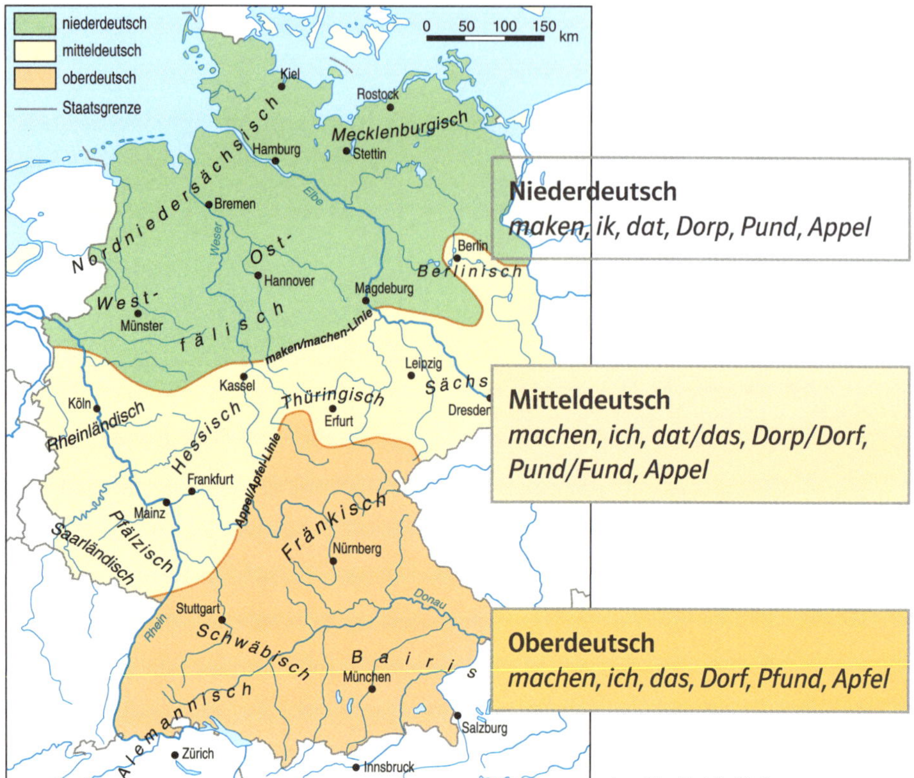

Joachim Zwick, Gießen

ZUSATZTEXT

Dat du min Leewsten büst (Niederdeutsches Lied, 19. Jh.)

Dat du min Leewsten büst, dat du woll weeßt.
Kumm bi de Nacht, kumm bi de Nacht, segg wo du heeßt.
Kumm bi de Nacht, kumm bi de Nacht, segg wo du heeßt.

Kumm du um Middernacht, kumm du Klock een!
Vader slöppt, Moder slöppt, ick slap alleen.
Vader slöppt, Moder slöppt, ick slap alleen.

Klopp an de Kammerdör, fat an de Klink!
Vader meent, Moder meent, dat deit de Wind.
Vader meent, Moder meent, dat deit de Wind.

Niederdeutsches Liederbuch. Hrsg. v. Heike Müns. Rostock: Hinstorff Verlag, 1984, S. 55.

ÜBRIGENS

Die Deutsche Bahn erweckt bei reisenden Norddeutschen Heimatgefühle, wenn in ihren Nahverkehrszügen bei der Einfahrt in große norddeutsche Städte wie Hamburg oder Rostock die ersten beiden Takte der Melodie des Liedes erklingen.

2 Untersuchen Sie die ersten drei Strophen des niederdeutschen Liedes „Dat du min Leewsten büst“ auf Abweichungen vom Standarddeutschen.

3 Lesen Sie das Interview mit dem Plattdeutschsprecher Werner Zahn und übertragen Sie seine Antworten ins Hochdeutsche.

BASISTEXT

Werner Zahn im Interview mit Oliver Gehrs: „Giff müi müine Sproke truijje!“ (2011)

Werner Zahn, 62, ist Lehrer und wohnt im lippischen Detmold. In der dortigen „Landeszeitung“ gibt es sogar eine regelmäßige Kolumne auf Platt. Zahn selbst sorgt für die Verbreitung der Sprache im Internet.
Im Folgenden ist ein nichtübersetztes Interview mit Oliver Gehrs abgedruckt.

Oliver Gehrs: Hallo Herr Zahn, wir dachten schon, das Plattdeutsch wäre ausgestorben. Wird es in Lippe noch gesprochen?
Werner Zahn: Utstärwet es et nau nich, öwer kürt wärt es büi us auk nich mahr.

Gehrs: [...] Warum sprechen Sie es denn? Gehören Sie noch zu der Generation?
Zahn: Eck bin niu tweuunsesstig Johr, kür awer kium Platt, auk blauß seon bettken, wenn eck mol öllere Luie drepe. Muine Grautöllern, de hät Platt blauß unnernanner kürt, awer auk nich, wenn annere Luie dabüi wörn, dann wart auk oll Hauchduitsk kürt.

Gehrs: Warum heißt das überhaupt platt?
Zahn: Dat Weort „platt“ beduit wall „flach oder niedrig“. Valichte meunt dat, dat die höchteren Luie Hochdeutsch kürn un dat niedere Volk juste Plattdeutsch.

Gehrs: Ist das ein Dialekt oder eine eigene Sprache?
Zahn: Platt was eujentlick iümmer eun Dialekt in eunen Dialektkontinuum wesen un eck meune, dat es auk vandage nau seo, auk wenn eunige plüitske Minsken doöber strüien.

Gehrs: [...] In unseren Ohren klingt es ein bisschen wie Niederländisch. Woher kommt denn das Platt?
Zahn: Unner Plattdiusk verstoat man de Sproken, wekke de tweute Lüttverschiubunge nich metmaket hadde. Doteo hort auk Holland. Awer Niederländisch es eune eugene Sproke [...]. Minsken, wekke Platt kürn, verstaot de niederlandske Sproke bätter os de Minsken, wecke blauß Hochduitsk kürn. [...]

„Giff müi müine Sproke truijje!“ In: fluter. Magazin der Bundeszentrale für politische Bildung. Krissu geiles Heft für free: Thema Sprache. Heft 39 (2011), S. 25.

4 „Unner Plattdiusk verstoat man de Sproken, wekke de tweute Lüttverschiubunge nich metmaket hadde“, sagt Werner Zahn. Erläutern Sie mithilfe des Textes auf Seite 24 den Zusammenhang zwischen der zweiten Lautverschiebung und der Entstehung der niederdeutschen Dialekte.

BASISTEXT

Was ist Niederdeutsch?[1] (2017)

Beim Niederdeutschen bzw. Plattdeutschen handelt es sich um dialektale Sprachformen des Deutschen, die in den Bundesländern Schleswig-Holstein, Niedersachsen, Mecklenburg-Vorpommern, Brandenburg, Sachsen-Anhalt, Bremen, Hamburg und Nordrhein-Westfalen auftreten. Im Nordosten der Niederlande wird Nedersaksisch gesprochen, das trotz der Staatsgrenze viele Gemeinsamkeiten mit den nordniedersächsischen Dialekten aufweist. Durch die Wanderungsbewegungen deutschsprachiger Mennoniten und anderer Auswanderer finden sich niederdeutsche Sprachinseln außerdem in Russland, sowie in Nord- und Lateinamerika.

Natürlich unterscheiden sich die Aussprachen westfälischer, hamburgischer und mecklenburgischer Plattsprecher voneinander – dennoch haben sie eins gegenüber dem Hochdeutschen gemeinsam: Die Bewahrung eines bestimmten Konsonantenstands, wie er heute auch in anderen westgermanischen Sprachen wie Englisch oder Niederländisch zu finden ist, während im Hochdeutschen bestimmte Konsonanten verschoben wurden.

Im Frühmittelalter (ca. 7./8. Jhd.) setzte ein Lautwandelprozess ein, der den Süden des west-germanischen Sprachgebiets erfasste und sich im Laufe der Zeit Richtung Norden ausbreitete. Betroffen waren davon vor allem die stimmlosen Verschlusslaute (der Luftstrom wird während der Artikulation unterbrochen und danach gelöst) p, t und k, die sich je nach Lautumgebung (zwischenvokalisch, Doppellaut, An- und Auslaut) gewandelt haben. Diese Entwicklung markiert den Übergang der südlichen westgermanischen Sprache(n) zum (Alt-) Hochdeutschen, weshalb dieser Lautwandelprozess als hochdeutsche Lautverschiebung (auch Zweite Lautverschiebung genannt) bezeichnet wird:

p > *ff, f, pf* (z. B. Schiff, schlafen, Apfel, Pferd)
t > *s, ss, ß, z, tz* (z. B. das, Schlüssel, Zeit, Katze)
k > *ch* (z. B. ich, machen)

Diese Lautverschiebung umfasste jedoch nur diejenigen deutschen Sprachgebiete südlich einer von West nach Ost verlaufenden Linie. Diese Linie verläuft durch Düsseldorf-Benrath und nördlich der Orte Kassel, Wittenberg und Berlin und wird *Benrather Linie* oder *maken-machen-Linie* genannt. [...]

Dagegen blieb das Altsächsische – die sprachliche Vorstufe des heutigen Niederdeutsch – von diesen Lautwandelprozessen unberührt, sodass auch heute im Platt noch immer *Schipp* (vgl. eng. *ship*; ndl. *Schip*), *Appel* (vgl. eng. *apple*), *Tiet, dat* und *maken* gesprochen wird.

Ein weiteres wesentliches Merkmal vieler niederdeutscher Dialekte ist neben der hochdeutschen Lautverschiebung die Beibehaltung der alten westgermanischen Langvokale î (*mien, sien*), û (*Huus*) und iu (gesprochen ü: *hüüt*), während es im heutigen Hochdeutsch *mein, sein, Haus* und *heute* heißt. Dies liegt an der sog. *frühneuhochdeutschen Diphthongierung* (Diphthong = zwei verschiedene Vokale, die einer Silbe angehören), die – wie der Name bereits sagt – nur das Hochdeutsche umfasst und ab dem 12. Jhd. einsetzt.

Centrum für Niederdeutsch an der Westfälischen Wilhelms-Universität Münster: Was ist Niederdeutsch. Zitiert nach: https://www.uni-muenster.de/Germanistik/cfn/Plattinfos/WasistNiederdeutsch/Was_ist_Niederdeutsch.html (abgerufen am 02.02.2018).

Lösung zu Aufgabe 4: Die zweite Lautverschiebung kennzeichnet einen Prozess, der

5 Erklären Sie weitere lautliche Merkmale niederdeutscher Dialekte, die im Text aufgeführt werden.

6 Weisen Sie in dem Interview mit Werner Zahn lautliche Merkmale des Niederdeutschen nach.

1 Der Begriff Hochdeutsch meint im Text die oberdeutschen Mundarten.

B „Dialekt stirbt nicht“

Die gesellschaftliche Bedeutung von Dialekten beurteilen

Sind Dialekt sprechende Schüler im Alltag benachteiligt?
(Abgegebene Stimmen: 296)

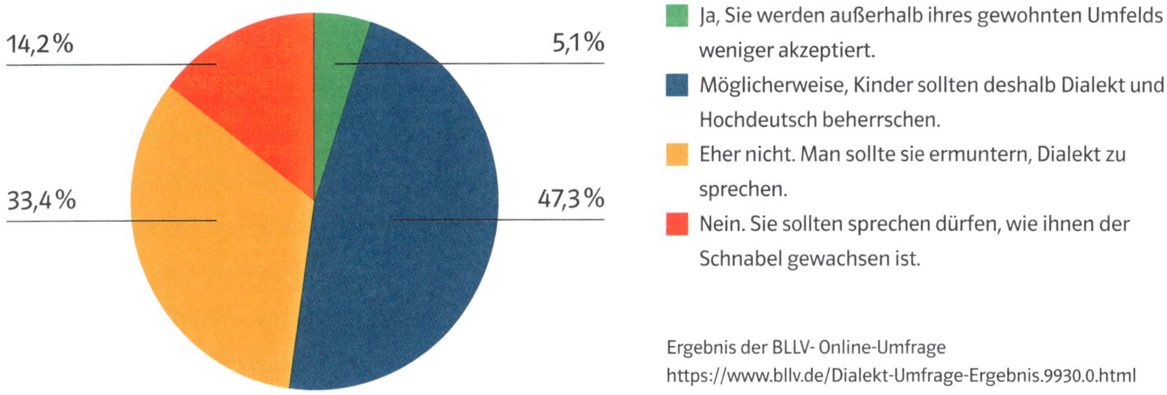

Ergebnis der BLLV- Online-Umfrage
https://www.bllv.de/Dialekt-Umfrage-Ergebnis.9930.0.html

1 Nehmen Sie spontan Stellung zu den im Diagramm dargestellten Umfrageergebnissen. Begründen Sie, welche Antwort Sie angekreuzt hätten.

BASISTEXT

Julia Vogelmann: Dialekt fördert Intelligenz (2016)

Regionale Sprachfärbungen und das Hochdeutsche müssen nicht in Konkurrenz stehen. Wer seinen örtlichen Dialekt gut beherrscht, hat mit der Schriftsprache weniger Probleme.

In den 70er-Jahren war man sich einig, dass Dialekt eine Sprach- und Bildungsbarriere darstellt. Mundart wurde gleichgesetzt mit schlechtem Bildungsstand. Heute weiß man, dass dies ein Irrtum ist, der sich auf eine Fehlinterpretation damaliger Bildungsstanderhebungen gründete, die besagten, dass die Bildung am schlechtesten dort ist, wo ländliche Umgebung, weibliches Geschlecht und katholische Religion aufeinandertreffen – also dort, wo am meisten Dialekt gesprochen wird.

Was man heute sicher weiß: Wer in der Lage ist, zwischen Dialekt und Hochsprache hin- und herzuwechseln, wer die Übersetzungsleistung bringen kann, die dazu erforderlich ist, der zeigt schon einmal ein erhebliches Maß an Intelligenz. Dialekt, betrachtet man ihn von der Warte des Nicht-Verstehers aus, ist kein defizitäres Sprachsystem, sondern eine natürlich gewachsene Fremdsprache, mit eigener Struktur, Grammatik und einem Wortschatz, der weit facettenreicher ist, als der der Hochsprache. Aus diesem Blickwinkel betrachtet ist für viele Kinder vor allem im ländlichen Raum Dialekt die Erst- oder wenn man so will Muttersprache, die die Sprachbegabung eher fördert, anstatt wie früher angenommen, zu bremsen.

Auch deshalb hat Dialekt nicht nur ein immer besseres Image, mit dem man sich mitunter sogar gerne schmückt, sondern auch einen festen Platz im Lehrplan der Schulen. „Es ist Aufgabe der Schule, Kinder zur Bildungssprache hinzuführen – das sollte aber nicht auf Kosten der Erstsprache gehen. Dialekt und Hochsprache sind keine Gegensätze“, betont Manfred Koch, geschäftsführender Schulleiter der Grund-, Sonder-, Gemeinschafts- und Realschulen in Crailsheim. Er befürwortet, dass in den Lehrplänen der Grundschulen Dialekt einen festen Platz hat. In der ersten und zweiten Klasse lernen die Schüler anhand von Gedichten, Reimen und Liedern, wie Dialekt sich anhören kann, wo Unterschiede zur Hochsprache zu finden sind und wie und zu welchen Gelegenheiten Dialekte gesprochen werden.

In den Klassen 3 und 4 geht es schwerpunktmäßig darum, in verschiedenen Situationen Unterschiede zwischen Dialekt und Standardsprache sichtbar zu machen, indem zum Beispiel Wörter aus beiden „Sprachen“ zueinander in Beziehung gesetzt werden oder ganz bewusst darauf geschaut wird, wie beide situationsbezogen eingesetzt werden können. Auch das Vortragen von Texten im Dialekt gehört hier zum Programm. „Es kommt darauf an, dass die Schüler zwischen den verschiedenen Varianten und Stilebenen unterscheiden und sich angemessen in der jeweiligen Situation ausdrücken können“, formuliert Koch das Lernziel. Dass Kinder, die den Dialekt schon in die Wiege gelegt bekommen haben, einen sprachlichen Vorteil haben, davon ist Koch überzeugt. „Schüler, die ausschließlich mit Hochdeutsch aufwachsen, haben teilweise größere Schwierigkeiten, die mündliche Sprache in die schriftliche Form zu bringen“, sagt er und zitiert eine

Studie der Universität Oldenburg, die über Jahre hinweg Aufsätze von Dritt- und Sechstklässlern untersuchte und zu dem Ergebnis kam, dass Mundart sprechende Kinder 30 Prozent weniger Rechtschreibfehler machten.
Auch was den Wortschatz angeht, profitieren Kinder vom Dialekt, denn der ist im Ausdruck oft facettenreicher und nuancierter und bietet somit mehr Ausdrucksmöglichkeiten als die Hochsprache.
Jetzt aber herzugehen und zu sagen „dann sprechen wir nur noch Dialekt" wäre verkehrt, denn Kinder profitieren tatsächlich nur davon, wenn die innere Mehrsprachigkeit gefördert wird, wenn die kritische Distanz, die der Dialekt zur Hochsprache aufbaut, auch tatsächlich in sprachlichen Mehrwert umgewandelt wird.
Dazu können Eltern beitragen, ist sich Koch sicher: „Eltern sollten beide Sprachebenen fördern und dafür sorgen, dass ihr Kind sich auch im Hochdeutschen gut zurechtfindet. Gezielt kann man das durch tägliches Vorlesen oder Singen unterstützen." Außerdem verweist er auf die Vorbildfunktion der Eltern, die in der Regel vormachen, wann es angebracht ist, Hochdeutsch zu sprechen, etwa beim Arztbesuch.

Dialekt stirbt nicht

Neben all den sprachlichen Vorteilen, die der Dialekt Kindern bieten kann, gibt es auch soziale Aspekte, die dafür sprechen, dass Dialekt einen festen Platz im alltäglichen Sprachgebrauch hat. Dialekt ist identitätsstiftend, durch ihn fühlt man sich zugehörig, hat eine Möglichkeit, seine Heimatverbundenheit zu zeigen. Außerdem fördert er den persönlichen Ausdruck und bringt soziokommunikative Vorteile – sprich: Wer schwätzt, wie ihm der Schnabel gewachsen ist, findet unter „Gleichsprachlichen" schneller Freunde.
Zwar werden die lokalen Unterschiede der Dialekte immer weniger, da richtiger Dialekt häufig nur noch von der älteren Generation gesprochen wird, dennoch kann festgestellt werden: Dialekt stirbt nicht.
Die Allgemeinheit, auch die Hochdeutsch sprechende, profitiert vom Dialekt, weil er aktiv der Verarmung der deutschen Sprache entgegensteuert, einmal schlicht dadurch, dass er gesprochen wird, aber auch dadurch, dass immer wieder Dialektausdrücke ihren Weg in den allgemeinen Sprachgebrauch finden.

Julia Vogelmann: Dialekt fördert Intelligenz. Zitiert nach: https://www.swp.de/suedwesten/staedte/crailsheim/dialekt-foerdert-intelligenz-23177227.html (abgerufen am 03.07.2018).

2 „Dialekt fördert Intelligenz". Lesen Sie den Text von Julia Vogelmann und beschreiben Sie die dargestellten Vorteile von Dialektsprechern.

3 **PLUS** Verfassen Sie einen Brief an Julia Vogelmann und setzen Sie sich darin mit ihrer Sichtweise auseinander.

C „Dat durfte nit passieren“

Regiolekte erkennen

1 Ordnen Sie die folgenden Beispiele den verschiedenen Regiolekten auf der Karte zu.

„Nu ma Butter bei die Fische: Wat kost dat?“

„A bissle isch emmer no bessr wia gar nix.“

„Nehmen Se de Menschen wie se sind. Andere jibt et nich.“

„Mir is janz blümerant.“

Deutsche Regiolekte. Zitiert nach: https://kristianmitk.files.wordpress.com/2014/01/regiolekte.png (abgerufen am 5.10.2017).

AUFBAUTEXT

Metzler Lexikon Sprache: Dialekt (2016)

Dialekt [...] Unter Standardsprache wird eine Varietät verstanden, die frei ist von salienten (d. h. für die Sprachteilhaber auffälligen) Regionalismen. Auf der anderen Seite stehen die Regionalsprachen [...]. Sie sind ihrerseits als Komplexe von Varietäten und Sprechlagen anzusehen, die gemeinsam haben, dass sie im Unterschied zur Standardsprache regional nur eingeschränkt Verwendung finden. Je nach regionaler Reichweite werden innerhalb der Regionalsprache unterschieden: Der Regionalakzent als die standardnächste regionale Prestigesprechlage (z. T. Regionalstandard, Gebrauchsstandard); der Regiolekt (Regionaldialekt) als die areale Varietät mit großregionaler Verbreitung [...]; der Dialekt (Basisdialekt, Lokaldialekt) als standardfernste, lokal oder kleinregional verbreitete Varietät (Ortsmundart). – Dialekte, Regiolekte und Regionalakzente sind historisch keineswegs konstant, sondern unterliegen der starken Dynamik des Gesamtsprachsystems.

Metzler Lexikon Sprache. Hrsg. v. Helmut Glück und Michael Rödel. 5., aktualisierte und überarbeitete Auflage. Stuttgart: Metzler, 2016, S. 145.

2 Lesen Sie den Lexikoneintrag und benennen Sie die Kriterien, nach denen die Begriffe „Dialekt“, „Regiolekt“ und „Regionalakzent“ unterschieden werden.

1. Kriterium:

2. Kriterium:

3 Vergleichen Sie die Bestimmung des Begriffs „Regiolekt“ im folgenden Text mit der im Lexikoneintrag und benennen Sie die Gemeinsamkeit.

BASISTEXT

Georg Cornelissen: Regiolekt im Rheinland

Woran denkt man beim Anblick von Reiner Calmund? Vielleicht nicht im ersten Moment, aber dann sicherlich sehr schnell an seine Sprache – und damit an das Rheinland. Dass der schwergewichtige ehemalige Manager des Fußballvereins Bayer Leverkusen als der Prototyp des Rheinländers gilt, liegt nicht etwa daran, dass er „rheinischer“ spricht als andere, sondern dass er dies auch in Situationen tut, in denen man es nicht gewohnt ist: im Fernsehen und im Radio!

Zitate wie *„Dat durfte nit passieren. Isch kann misch nit erinnnern, dat mer schon ma so schlecht gespielt haben"* könnte man auch in jeder samstäglichen Expertenrunde an den Stammtischen rund um Köln und Leverkusen hören. Viele Rheinländerinnen und Rheinländer sprechen so wie Reiner Calmund, ohne damit ein vergleichbares Aufsehen zu erregen: *„Di sin sich am Kloppen. Et bleibt heute nix übber. Die hat immer Brass mitte Füße. Die macht immer viel Jedöns um nix. Da bin ich fies für. Bis nach die Tage!"* sind typische Wendungen für den sprachlichen Alltag in der Kneipe, beim Gespräch mit den Nachbarn oder beim Einkaufen. Man hört sie allerdings schon seltener in einer Bank oder beim Einwohnermeldeamt und schon gar nicht in der Schule, der Universität oder beim Gespräch mit dem Personalchef. Dann spricht man im Rheinland natürlich Hochdeutsch.

Im Alltag sprechen allerdings die wenigsten Rheinländer oder Rheinländerinnen Hochdeutsch und schon gar nicht Dialekt. Letzteren nicht, weil sie ihn nicht mehr können, ersteres nicht, weil es in vielen Situationen schlicht unpassend wäre. Sie haben sogar eigene Namen für diese Sprachform zwischen den Polen Mundart-Standardsprache geschaffen: Hochdeutsch auf Klumpen, Hochdeutsch mit Streifen, Hochdeutsch mit Knubbeln, Kuschlemusch. In diesen Bezeichnungen klingt allerdings eine leicht abwertende Haltung gegenüber dieser Sprachform an, die irgendwo im Niemandsland angesiedelt und weder richtiger Dialekt noch richtiges Hochdeutsch ist. Lange Zeit wollte sich niemand zu ihr bekennen, irgendwie war sie mit dem Ruch behaftet, eigentlich falsches Deutsch zu sein. Und das, obwohl sich ein legendärer Vorgänger von Reiner Calmund ebenfalls immer zu seiner sprachlichen Heimat bekannt hat: Konrad Adenauer. Vom „Alten vom Rhein" werden Sprüche kolportiert wie:

„Nehmen Se de Menschen wie se sind. Andere jibt et nich. Dat is ne jroße Bluff. Die Frau Strauß schaut zu ihrem Mann erauf, un dat darf se nit. Dat war wieder ne jroße Erfolch für de Bundesrepublik. Han ich vielleicht wieder jemand vor den Kopf jestoßen?"

Der Altbundeskanzler ist lange eine singuläre Erscheinung geblieben. Das hat sich erst in den letzten Jahren geändert. Nicht nur Reiner Calmund ist dafür ein Beleg, auch die Comedy-Szene hat die rheinische Regionalsprache entdeckt. War der legendäre Jürgen von Manger noch konkurrenzlos, so kommt heute kaum ein Kleinkunsttheater ohne rheinische Töne aus. Selbst die Literatur hat die Umgangssprache entdeckt und nutzt sie als Mittel zur Schilderung des Lokalkolorits. Die Eifelkrimis von Jacques Berndorf, die Ruhrgebietskrimis von Jürgen Lodemann oder die Niederrheinkrimis von Leenders/Bay/Leenders sind dafür sprechende Beispiele. Ihr niederrheinisch sprechender Kommissar Ackermann klingt beispielsweise so:

„Ich war in eurem Altersheim. Et is ja doch wat komisch, wa? Ich sach ja immer, alles hinter Uedem is schon feindliches Ausland. Da hört der Niederrhein quasi schon auf. Ich weiß et nich, aber irgendwie is dat ja schon en anderer Menschenschlach."

Auch in den Tageszeitungen lässt sich ein eindeutiger Trend verfolgen. Vielfach werden hier regelmäßige Mundartkolumnen durch regionalsprachliche Beiträge abgelöst.

Was früher also als falsches Deutsch oder gar als soziales Stigma (wie beim Ruhrpöttischen) galt, scheint sich heute zum Element eines regionalen Sprachbewusstseins zu entwickeln. Die zunehmende Entdialektalisierung des Rheinlandes wertet offensichtlich die regional geprägte Umgangssprache als Moment der sprachlichen Identität auf. [...]

Georg Cornelissen: Regiolekt im Rheinland. Zitiert nach: http://www.rheinische-landeskunde.lvr.de/de/sprache/sprache_n__im_rheinland/regiolekt/regiolekt_1.html (abgerufen am 18.09.2017).

4 Konstruktionen wie „Di sin sich am Kloppen" (Z. 9) werden als rheinische Verlaufsformen bezeichnet. Erläutern Sie Form und Funktion der Bildung.

5 Charakterisieren Sie das Rheinische weiter anhand der im Text genannten Beispiele.

D Einer von uns?

Die Verwendung von Jugendsprache in den Medien reflektieren

Einer von uns (Film, 2016)

Das Filmdebüt „Einer von uns“ des in Österreich lebenden deutschen Regisseurs und Drehbuchautors Stephan Richter (*1980) basiert auf einer wahren Begebenheit: Im Jahr 2009 wurde ein 14-Jähriger bei einem nächtlichen Einbruch in den Supermarkt einer österreichischen Kleinstadt von einem Polizisten erschossen. Im Mittelpunkt des vielfach ausgezeichneten Filmes stehen der 14-jährige Julian und der zwei Jahre ältere Außenseiter Marko, die ihr Hass auf das Vorstadtleben eint und die gegen die Welt der Erwachsenen rebellieren.

Filmplakat: Einer von uns, R: Stephan Richter, 2015
© Golden Girls Filmproduktion & Filmservices GmbH, Wien

1 Der Film „Einer von uns“ ist u. a. durch die jugendsprachliche Sprechweise seiner Hauptfiguren gekennzeichnet. Stellen Sie Vermutungen darüber an, welche Funktion dieses Gestaltungsmittel für die Wirkung des Films haben soll.

____

____

____

BASISTEXT

Benjamin Könning: „Es isso geil, Oida!“ – Das Phänomen Jugendsprache in „Einer von uns“ (2016)

„Smerk, Oida, smerk! Bombe, Brudi, Oida, bombe! Es isso geil, Oida! Jetzt bist du einer von uns, Oida!“ – Das sind die Worte Victors am Abend des Supermarkteinbruchs, der für Marko und Julian so tragisch enden wird. Ob solche Drehbuchsätze als authentisch empfunden werden, entscheidet zuallererst das jugendliche Publikum. Jugendliche sind recht sensibel, was ihre eigenen, vielfältigen Ausdrucksformen betrifft, die einem schnellen Wandel unterliegen und manchmal doch „gewöhnlicher“ sind, als man gemeinhin denkt.

Welche Sprache sprechen Jugendliche?

„Einer von uns“ zeichnet sich besonders durch den Gebrauch der österreichischen Umgangssprache aus. Dies zeigt bereits, dass es etwa im deutschsprachigen Raum die Jugendsprache nicht geben kann. Denn das Alter von Sprecher/-innen ist nur ein Faktor, der sich im Sprachgebrauch neben vielen weiteren Variablen wie der regionalen oder nationalen Herkunft niederschlägt. Des Weiteren haben auch die geschlechtsspezifische Sozialisation und andere gesellschaftliche Faktoren wie Schule, Familie und Freundeskreis Einfluss auf den Sprachgebrauch. Für Sprachwissenschaftler/-innen ergibt sich hieraus ein komplexes System aus Sprachen innerhalb einer Sprache, die auch Varietäten oder Lekte genannt werden und sich nicht strikt voneinander abgrenzen lassen.

Zudem ist es nicht ganz einfach, die Jugend in Abgrenzung zum Erwachsenenalter zu definieren. Zählt man eine Filmfigur wie den dem Schulalter deutlich entwachsenen Victor zu den Jugendlichen oder bereits zu den Erwachsenen? Viele Ausdrucksweisen sind keineswegs jugendexklusiv und werden auch von älteren Sprecher/-innen (oder Schreiber/-innen) verwendet.

Jugendliche Kommunikation

Der Film greift einige Elemente, die man auch in echten Gesprächsaufnahmen Jugendlicher wiederfindet, zur gelungenen Darstellung seiner Figuren auf. Dies betrifft vor allem Mittel der Übertreibung bzw. Zuspitzung (Julian: *„Voll schön!“*) sowie tabubesetzte, vulgäre Sprache (Marko: *„Die ficken mich, weil ich Hausverbot habe!“*; Victor: *„Du, halt die Goschn!“*). Durchgängig taucht der Ausdruck *Alder* bzw. *Oida* im Film auf. Dieser erfüllt in der gesprochenen Sprache Funktionen, die sich als Mischung aus Anrede (Victor: *„Die Ehre, Oida!“*) und Mittel der Bekräftigung beschreiben lassen (Victor: *„Oida, ihr seid solche Opfer, Oida!“*).

Als die Jungen aus Julians Clique das Graffito „Only god can judge me" auf einer Wand nahe dem Supermarkt anbringen, versuchen sie sich in immer neuen Runden mit Sprüchen („*Deine Mutter …*") zu übertreffen. Dieses Phänomen lässt sich häufiger unter Jugendlichen beobachten und wird als „Topping-Prinzip" bezeichnet. Hierbei werden sprachliche Elemente aus der eigenen Lebenswelt und den Medien adaptiert oder scherzhaft imitiert.

Ohnehin kommunizieren Jugendliche häufiger im Scherz miteinander. Dies kann sich in Form von herausfordernden Frotzeleien für Außenstehende durchaus drastisch anhören, muss jedoch – anders als beim sogenannten Dissen – keine tatsächliche Beleidigung beinhalten. Oft sind auch Lästereien über Abwesende zu beobachten. Diese können zur Vergewisserung der eigenen Stellung dienen und ein Gruppengefühl herstellen.

Die Funktionen von Jugendsprache

Wichtige Themenfelder von Jugendsprache sind Freizeit, Schule und Medien. Mit Sprache bezeichnet man oft nicht nur nüchtern einen Sachverhalt. Gesprächsteilnehmer/-innen können sich z. B. durch bestimmte Ausdrucksweisen, Lautstärke oder nonverbale Kommunikation gegenseitig anzeigen, dass sie emotional beteiligt sind. Sprecher/-innen können sich darum bemühen, höflich zu sein oder sich sprachlich eher rücksichtslos verhalten. Darüber hinaus drücken sie fast durchgängig aus, dass sie sich bestimmten Denk-, Verhaltens- oder Konsumgewohnheiten zugehörig fühlen (z. B. Hip-Hop oder Cannabis wie im Film), andere hingegen ablehnen. Auch jugendliche Sprecher/-innen positionieren sich auf diese Weise innerhalb der eigenen Gruppe und grenzen sich von anderen Jugendlichen und der Erwachsenenwelt ab. In „Einer von uns" übernehmen der Supermarktleiter, die Polizisten und Lisas Mutter diese Rolle.

Ein zentraler Schauplatz für Jugendsprache(n) ist die Schule. In den Unterrichtsgesprächen werden in der Regel Standarddeutsch und die Einhaltung von Gesprächsregeln gefordert. Bestimmte Ausdrucksweisen können von diesen institutionellen Anforderungen entlasten (z. B. Lästern über Lehrkräfte). Nebenkommunikation während des Unterrichts dient daher auch der Identitätsbalance im Spannungsfeld von Schule, Freundeskreis und eigenen Bedürfnissen. In vielen Fällen sind scheinbare Provokationen der Lehrkraft gegenüber gar nicht an diese adressiert, sondern eher an das Publikum, bestehend aus Mitschülerinnen und Mitschülern. Jugendliche sind im Allgemeinen durchaus in der Lage, ihren Sprachgebrauch situations- und adressatengerecht einzusetzen, wie aktuelle Forschungen zu sprachlicher Höflichkeit bei Jugendlichen nahelegen.

Veränderungen im Sprachgebrauch

Während die Erforschung der Funktionen des Sprachgebrauchs Jugendlicher ein vergleichsweise junges wissenschaftliches Forschungsfeld darstellt, sind die Klagen über den angeblich verderblichen Einfluss der Jugend und ihren Sprachgebrauch alt. Von Phänomenen wie den Studentensprachen im 19. Jahrhundert, der Halbstarken-Kultur der 1950er (einen Eindruck vermittelt der deutsche Spielfilm „Die Halbstarken" von 1956), der 68er-Bewegung mit den sogenannten Sponti-Sprüchen bis hin zu aktuelleren Entwicklungen finden sich zeitgleich immer auch Kritiker, die den schlechten Einfluss auf die angeblich bedrohte deutsche Sprache befürchten.

Sprachwandelprozesse mit Einflüssen aus anderen Sprachen – u. a. aus dem Lateinischen (Mauer von lat. murus; frühes Mittelalter), dem Französischen (Ingenieur; 18. Jh.) oder dem Englischen (Keks von cakes; 19 Jh.) – fanden über die gesamte Sprachgeschichte hinweg statt und bereicherten die Ausdrucksmöglichkeiten des Deutschen. Auch ehemals als vulgär („geil") oder jugendsprachlich („cool") konnotierte Ausdrücke werden mittlerweile in der allgemeinen Umgangssprache verwendet.

Einfluss der Medien

In den vergangenen Jahren erfahren die sogenannten – nicht frei von kommerziellen Interessen – gewählten Jugendwörter des Jahres wie *Yolo* (You only live once), *Babo* (Chef) oder *Smombie* (Smartphone-Zombie) wachsende mediale Resonanz und sind daher immer wieder ein schöner Anlass, über Sprache nachzudenken. Sie spiegeln jedoch nicht immer den tatsächlichen Sprachgebrauch wider und werden daher von Jugendlichen häufig eher ironisch und als Teil von Scherzkommunikation eingesetzt.

Regisseur Stephan Richter gelingt es mit „Einer von uns", ein aktuelles Abbild jugendlicher Sprechweisen zu vermitteln. Zahlreiche andere Medienformate wie Fernseh- und Radiosendungen, Popmusik, YouTube-Videoformate oder auch der jüngst an den Kinokassen sehr erfolgreiche „Fack ju Göhte" inszenieren geschickt Jugendsprachlichkeit. Dabei spiegeln sich jene Medieninhalte durchaus in jugendlichen Sprechweisen, genauso wie sich die jugendliche Alltagssprache im medialen Diskurs widerspiegelt. Dieser Prozess unterliegt im Zeitalter von Social Media einer zunehmenden Beschleunigung.

Benjamin Könning: „Es isso geil, Oida!" – Das Phänomen Jugendsprache in Einer von uns. Zitiert nach: http://www.kinofenster.de/film-des-monats/archiv-film-des-monats/kf1611/kf1611-einer-von-uns-hintergrund-2-jugendsprache/ (abgerufen am 18.09.2017).

2 Lesen Sie den Text überfliegend und beschreiben Sie, wie der Sprachwissenschaftler Benjamin Könning den Gebrauch der Jugendsprache in dem Film „Einer von uns" bewertet.

Sprache in Filmen ist wichtig, dass die Jugendlichen ihre Sprache behalten

3 „Ob solche Drehbuchsätze als authentisch empfunden werden, entscheidet zuallererst das jugendliche Publikum" (Z. 2 ff.). Tauschen Sie sich über Ihre Erfahrungen mit der Darstellung von Jugendsprache in audiovisuellen Medien (Film, Fernsehen, Videokanäle im Internet) aus. Was erleben Sie als authentisch, was wirkt auf Sie inszeniert?

4 Lesen Sie den Text gründlich und markieren Sie Merkmale und Funktionen von Jugendsprache mit zwei verschiedenen Farben. Fassen Sie die wichtigsten Punkte in der Tabelle zusammen.

Merkmale von Jugendsprache	• *Übertreibung und Überspitzung mit Neigung zu Vulgarismen und tabubesetzter Sprache*
Funktionen von Jugendsprache	• *Zugehörigkeit und Position ausdrücken und bestätigen lassen, v. a. innerhalb der eigenen Gruppe*

5 „‚Einer von uns' zeichnet sich besonders durch den Gebrauch der österreichischen Umgangssprache aus" (Z. 7). Ermitteln Sie, welche der im Text genannten jugendsprachlichen Wörter dem österreichischen Regiolekt zugeordnet werden können.

6 Tauschen Sie sich darüber aus, in welchen Situationen Sie bewusst vom sprachlichen Standard abweichen und aus welchen Gründen Sie dies tun.

7 Prüfen Sie den von Könning dargestellten Zusammenhang von Medien und Jugendsprache (Z. 67). Beziehen Sie Beispiele aus Ihrem Umfeld in Ihre Überlegungen ein.

E „Lassma Viktoriapark gehen, Lan“

Positionen zur Einordnung des Kiezdeutschen vergleichen

Lassma Viktoriapark gehen, Lan.

Ich höre Alpa Gun, weil der so aus Schöneberg kommt.

Ich hab meiner Mutter so Zunge rausgestreckt, so aus Spaß. Wallah.

Kiez [kiːts]: 1. nordostdeutsch, besonders berlinerisch: Stadtteil mit eigener Infrastruktur, der von einem starken Zugehörigkeitsgefühl seiner Bewohner geprägt ist; 2. (salopp, abwertend) Vergnügungs-, Rotlichtviertel einer Stadt

1 Die drei Sätze sind Beispiel für das sogenannte „Kiezdeutsch“. Tauschen Sie sich darüber aus.

a) Kennen Sie diese Sprechweise? Wer spricht Ihrer Meinung nach so?

b) Sprechen Sie und Ihre Freunde so? Wenn ja, in welchen Situationen? Wenn nein, warum nicht?

c) Warum wird diese Sprechweise als Kiezdeutsch bezeichnet?

d) Welche sprachlichen Besonderheiten kennzeichnen die drei Sätze?

BASISTEXT

Heike Wiese: Kiezdeutsch – ein neuer Dialekt (2010)

*In ihren Publikationen zum Thema Kiezdeutsch räumt die Linguistin Heike Wiese (*1966) dieser Sprechweise den Status eines „Turbodialektes“ ein und löste damit eine Debatte aus.*

[...] Etwa seit Mitte der 1990er Jahre ist mit „Kiezdeutsch“ eine Jugendsprache in den Blick der Öffentlichkeit getreten, die sich in Wohngebieten mit hohem Migrantenanteil ausgebildet hat. Hier einige Beispiele aus diesem Sprachgebrauch: „Lassma Viktoriapark gehen, Lan.“/„Ich höre Alpa Gun, weil der so aus Schöneberg kommt.“/„Ich hab meiner Mutter so Zunge rausgestreckt, so aus Spaß. Wallah.“ Wie diese Sätze illustrieren, weicht Kiezdeutsch in verschiedenen Bereichen vom Standarddeutschen ab. Entgegen einer verbreiteten öffentlichen Wahrnehmung ist es jedoch kein gebrochenes Deutsch, sondern begründet einen neuen, urbanen Dialekt des Deutschen, der – ebenso wie andere deutsche Dialekte auch – systematische sprachliche Besonderheiten in Bereichen wie Aussprache, Wortwahl und Grammatik aufweist.

[...] Wie jeder andere Dialekt unterscheidet sich auch Kiezdeutsch von der deutschen Standardsprache. Diese Unterschiede weisen jedoch nicht auf „gebrochenes Deutsch“, sondern bilden ein eigenständiges System und sind Bestandteil einer eigenen Varietätengrammatik: Wir finden in Kiezdeutsch nicht bloß sprachliche Vereinfachung, sondern eine systematische, produktive Erweiterung des Standarddeutschen.

http://www.bpb.de/apuz/32957/kiezdeutsch-ein-neuer-dialekt?p=all (abgerufen am 12.02.2018).

BASISTEXT

Helmut Glück: Sachtemang mit dit Kiezdeutsche (2012)

*Der Sprachwissenschaftler Helmut Glück (*1949), der von 1991 bis 2015 Professor für Deutsche Sprachwissenschaft und Deutsch als Fremdsprache an der Universität Bamberg war, hat sich als einer der größten Kritiker an Heike Wieses Bestimmung des Kiezdeutschen hervorgetan.*

„Kiezdeutsch“ ist weder ein Dialekt noch ein Soziolekt, sondern eine transitorische Sondersprache, die auf Einflüssen anderer Sprachen und auf Fehlern im Deutschen beruht. Mit „transitorisch“ ist gemeint, dass eine Sprechweise in einem bestimmten Lebensalter verwendet und danach wieder abgelegt wird. „Jugendsprachen“ verwendet man im wilden, rebellischen Lebensabschnitt zwischen Kindheit- und Erwachsenenalter. Sie sind unter Bezeichnungen wie Studentensprache, Soldatensprache, Schülersprache oder Teenagersprache vielfach beschrieben worden als sprachlicher Ausdruck des Flegelalters. „Kiezdeutsch“ ist eine sozial, bezüglich des Lebensalters und im Hinblick auf den Verwendungsradius markierte, kommunikativ beschränkte Sondersprache. Es ist kein Fall für die Dialektologie, sondern für die Sprachpsychologie und die Fehleranalyse.

http://vds-ev.de/SN/sn2012-02.pdf (abgerufen am 12.02.2018). Eine Kurzfassung des Textes erschien am 04.04.2012 in der Frankfurter Allgemeinen Zeitung.

2 Unter Sprachwissenschaftlern gibt es eine Debatte darüber, wie das Kiezdeutsche in den Varietätenraum des Deutschen eingeordnet werden kann. Arbeiten Sie aus den beiden Textausschnitten die unterschiedlichen Definitionen und Bewertungen heraus.

	Heike Wiese	Helmut Glück
Definition	• *Kiezdeutsch ist*	• *Kiezdeutsch ist*
Bewertung		

3 Tauschen Sie sich über die unterschiedlichen Positionen von Heike Wiese und Helmut Glück aus: Was spricht für die eine, was für die andere Einordnung? Beziehen Sie Ihr Wissen über die Sprachvarietäten des Deutschen ein.

BASISTEXT

Jürgen Trabant: Streitfall Kiezdeutsch. Irrtümer der romantischen Linguistik (2012)

*Der Sprachwissenschaftler Jürgen Trabant (*1942) positioniert sich für die Frankfurter Allgemeine Zeitung zur Debatte um das Kiezdeutsche und nimmt dabei unmittelbar Bezug auf die These von Heike Wiese.*

Man spricht Deutsch (wahrscheinlich): Jungen verschiedener Herkunft beim Fußballspiel

iStockphoto (vgajic), Calgary, Alberta

[...] Wenn man unter Dialekt die geografische Variante einer Sprache versteht, so ist das Kiezdeutsche kein Dialekt, sondern eher eine soziale Varietät des Deutschen. Es kommt ja nicht an einer bestimmten geografischen Stelle des deutschen Sprachraums vor, sondern findet sich überall dort, wo es eine bestimmte soziale Gruppe gibt: die Gruppe der jungen Migranten. Handelt es sich also um einen Soziolekt, um die Sprache einer bestimmten Schicht? Im Vergleich zu einem „richtigen" Soziolekt hat die kiezdeutsche Varietät aber eine Besonderheit, die auch diesen Ausdruck als ungeeignet erscheinen lässt: Sie ist nicht die Erstsprache ihrer Sprecher, sondern deren Zweitsprache. Ein „richtiger" Soziolekt ist die Erstsprache einer sozialen Schicht.
Im deutschen Sprachraum ist eine solche schichtspezifische Muttersprache oft identisch mit dem Dialekt, es gibt hier keine dialektal neutralen Soziolekte. Am ehesten ist noch das Berlinische, das ja kein „richtiger" niederdeutscher Dialekt ist, ein niederdeutsch gefärbter (ick, det) Soziolekt. Aber in Ländern, wo die regionalen Varietäten verschwunden sind, wie etwa im Zentrum Frankreichs, gibt es echte Soziolekte, also zum Beispiel das von der französischen Arbeiterklasse als Muttersprache gesprochene français populaire. Kiezdeutsch ist aber niemandes Muttersprache. [...]
Es ist eine Zweitsprache, die in einer typischen Pidgin-Situation entstanden ist (Sprecher mit unvollständiger Beherrschung der dominanten Sprache ihrer Umgebung treffen aufeinander), mit strukturellen Merkmalen, wie sie die Forschung bei Pidginisierungsprozessen festgestellt hat. Die Muttersprachen (und Soziolekte) der Kiezdeutsch sprechenden jungen Menschen sind zum Beispiel Türkisch, Arabisch, Kurdisch, Albanisch, zunehmend auch Berlinisch oder gar Hochdeutsch, nämlich dann, wenn die Kinder des Bürgertums diese Sprachvariante verwenden. Gerade das Letztere, das Einnehmen eines bestimmten sprachlichen Verhaltens in bestimmten Sprechsituationen (unabhängig von der „Erstsprache"), zeigt, dass das Kiezdeutsche statt Dialekt oder Soziolekt eine Varietät ist, die man in der Soziolinguistik ein „Register" nennt: Es ist eine Varietät für eine bestimmte Situation, die durch den mündlichen Modus der Rede, informelle Sprecherbeziehungen und alltägliche Felder der Rede (etwa Freundschaft, Freizeit, Schule) charakterisiert ist.
Man schreibt Kiezdeutsch nicht, man verwendet es nicht im Bundestag oder im Gespräch mit der Lehrerin oder bei einer Predigt in der Moschee, ebenso wenig wie zum Sprechen über Physik oder über politische Verhältnisse. Dieses Register hat allerdings ein zusätzliches soziales Situierungsmerkmal: Man muss jung sein, um es zu sprechen. Das Volk also, dessen Sprechen die Linguistin so liebevoll beschreibt, ist also nicht nur volkstümlich, einfach, treuherzig und schlicht und folglich natürlich, es ist auch jung. Damit hat die romantische Linguistin sozusagen auch gleich noch den Weg in die Herzen sämtlicher Jugend-Pop-Kulturen geschafft. Die Philologen sehen demgegenüber ziemlich alt aus. Ihre Sprache ist „hoch", geschrieben, literarisch. Wer sie spricht, hat bestenfalls kein Alter, in Wirklichkeit ist er/sie alt.
Aber warum bleiben die Freunde der hohen, geschriebenen Sprache nicht wenigstens cool? Glauben sie wirklich, das Pidgin-Deutsche würde das Hochdeutsche verdrängen? Warum freuen sie sich nicht darüber, dass eine neue Variante des Deutschen entstanden ist? Es ist doch besser, die jungen Migranten sprechen Kiezdeutsch als gar kein Deutsch. Außerdem ist dieses Deutsch ganz zweifellos ein Weg in die Hochsprache. Von Sprechern von Kreolsprachen (also zur Erstsprache gewordenen Pidgins) wissen wir, dass sie leicht in die entsprechende Hochsprache übergehen, wenn sie die Gelegenheit dazu haben oder wenn es die gesellschaftliche Situation gebietet: Zum Beispiel gehen kreolsprachige Haitianer in Paris leicht zum Standardfranzösischen über. [...]

Jürgen Trabant: Irrtümer der romantischen Linguistik. Zitiert nach: http://www.faz.net/frankfurter-allgemeine-zeitung/streitfrage-kiezdeutsch-irrtuemer-der-romantischen-linguistik-11775090.html (abgerufen am 30.09.2017).

4 Benennen Sie knapp, wie Jürgen Trabant in dem Textausschnitt die folgenden Begriffe bestimmt.

Dialekt: ______________________________

____

Soziolekt: ______________________________

____

____

Pidginsprache: ______________________________

____

Register: ______________________________

____

____

Kreolsprache: ______________________________

____

5 Markieren Sie Textstellen, in denen Trabant das Kiezdeutsche einordnet und bewertet. Füllen Sie anschließend die Lücken in dem folgenden Text, in dem Sie die Begriffe aus Aufgabe 4 sowie die folgenden Wörter richtig einsetzen.

informell | Herkunft | Zweitsprache | Erstsprache | Hochsprache | situationsbezogen | positiv

Dialekt | Soziolekt | Pidginsprache | Register | Kreolsprache

Jürgen Trabant lehnt die Einordnung des Kiezdeutschen als ______________ ab, da es sich seinem Verständnis nach nicht auf einen geografischen Raum beschränkt, sondern an eine konkrete Gruppe, nämlich die der jungen Migranten, gebunden ist. Zugleich empfindet er die Kategorisierung als ______________ nicht treffend, da es sich nicht um die ______________ der Sprecher handele. Stattdessen sei das Kiezdeutsche eine ______________, die sich als ______________ der verschiedenen Muttersprachler herausgebildet hat. Da das Kiezdeutsche jedoch nicht nur in Abhängigkeit von der ______________ der Sprecher, sondern vor allem ______________ gesprochen würde, bezeichnet Trabant es schließlich als ______________, eine ______________ Sprechweise unter jugendlichen Gleichgesinnten für den alltäglichen Gebrauch.

Trabant bewertet das Kiezdeutsche eher ______________: Für ihn ist diese Sprechweise ein Weg in die ______________, erst recht, da sie als ______________ mühelos neben dem Standard gesprochen werden kann.

6 **PLUS** Fassen Sie abschließend die verschiedenen Positionen zur Einordnung des Kiezdeutschen in einem informierenden Text zusammen. Schließen Sie den Text mit einer persönlichen Bewertung ab.

7 **PLUS** Diskutieren Sie den Einfluss der Medien auf die Verbreitung und die öffentliche Wahrnehmung des Kiezdeutschen.

F „Vong Sprache her“

Eine mediale Sprachverwendung beurteilen

Rowohlt Verlag GmbH, Reinbek

„1 flyes Book für den trendbewussten Yolo-Swagger, der schon alles hant. Endlich können wirklich alle die Bibel lesen: die heilige Schrift in Internetdeutsch. Die bestesten Stories aus dem freshen u old school Tastyment oversetzt, incl. Bimbel Allstarz wie Jesus Chrispus, Moses Def, Adolf & Eva, Jona Hill, A-Broham u numberreiche weitere Larrys!“ *(Auszug aus dem Klappentext)*

„Holyge Bimbel“ von Shahak Shapira. Zitiert nach: https://www.rowohlt.de/taschenbuch/shahak-shapira-holyge-bimbel.html (abgerufen am 11.10.2017).

1 Tauschen Sie sich über die Vong-Sprache aus, in der die „Holyge Bimbel“ verfasst wurde: Was wissen Sie über den Ursprung, die Verwendung und die Merkmale dieser Sprachvariante?

BASISTEXT

Jan Stremmel: Vongolisch für Fortgeschrittene (2017)

[...] Wer in den vergangenen zwölf Monaten mal im Internet war, wird vermutlich zumindest am Rande eine dieser Formulierungen mitbekommen haben: „Was ist das für 1 life?“, „Serwus i bims“, „Nicer Tag vong Sonne her!“ Es ist eine Art Volkssport von durchaus gebildeten Menschen geworden, in Kommentarspalten und Tweets die deutsche Sprache möglichst kunstvoll zu verhunzen. Je mehr ein Satz danach klingt, als hätte ihn ein ungebildeter Troll mit dicken Fingern schnell mal in die Tastatur gepatscht, desto besser.
H1 (der Name ist „vongolisch“, man spricht ihn einfach Heinz) betreibt eine Facebook-Seite namens VONG. Dort werden ausschließlich Witze in der Quatschsprache geteilt, sie gehen zum Beispiel so: „Manche Menschem simd wi 1 Lavalampe. Es isd toll si zung beobachtem abba besomders hell simd si nichd.“ Von den Dutzenden Seiten, die sich der Sprache inzwischen widmen, ist VONG die erfolgreichste, sie hat mehr als eine halbe Million Fans. Mit einem Beitrag erreicht sie oft mehr Menschen als der Facebook-Auftritt der „Tagesschau“. [...] Allerdings gibt es gerade Stress. Die Betreiber von drei anderen großen Vong-Seiten auf Facebook und Twitter sind sauer. Einerseits auf H1, weil sie finden, er sei ein dreister Trittbrettfahrer und das Buch[1] eine einzige Frechheit. Aber auch untereinander. Denn Teile der Vong-Szene haben beschlossen, die Witzsprache zu monetarisieren, mit Büchern, Merchandise oder Lesungen – was der Rest als Ausverkauf einer Idee begreift, die allen gehört. Deshalb will H1 gleich etwas klarstellen: „Die anderen haben das nicht erfunden. Die haben gute Arbeit geleistet und ein, zwei kleine Dinge vorgelegt, die Sache mit der 1 zum Beispiel. Aber *H&* statt Hund zu schreiben, oder *Q* statt Kuh, das stammt von uns!“ [...]
Sebastian Zawrel, 32, ist ein Mann mit Hoodie, lustigen Augen und dem sympathisch zerkauten Dialekt seiner oberpfälzischen Heimatstadt Amberg. Er betreibt seit mehr als zwei Jahren die Seite „Nachdenkliche Sprüche mit Bilder“, die fehlende Dativ-Flexion ist natürlich kein Zufall. Die Seite hat mehr als 350 000 Fans, und nicht wenige schreiben ihr das größte Verdienst um die Verbreitung der Vong-Sprache zu. Zawrel hat gefunden, was er im Smartphone gesucht hat, er hält das Display hoch: ein Beitrag vom 6. Dezember 2015. „Hier, der erste Eintrag, in dem das Wort Vong vorkommt. Von wegen der hat das erfunden!“ [...] Angefangen hat Zawrel damals, weil ihm „langweilig war“, während er mit Grippe zu Hause lag. Er meldete sich mit einem erfundenen Namen auf Facebook an und schrieb in lokale Foren aus seiner Heimatstadt Kommentare, die vor Fehlern und Hirnrissigkeit nur so strotzten. „Die Leute sind da total drauf abgegangen.“ Sie beschimpften ihn oder lachten ihn aus, jedenfalls drehte sich jede Diskussion im Handumdrehen nur noch um die dämlichen Kommentare seines Alter Egos. [...]
Seit März 2015 stellt er täglich mehrere „Nachdenkliche Sprüche“ auf seine Seite. Sie sind fast immer gerade so dämlich und abgedroschen, dass sie tatsächlich ernst gemeint sei könnten. Über ein Foto von einem Heißluftballon im Sonnenuntergang schreibt er zum Beispiel: „Du muss die Vergagenheit los lassen damit die Zukumft 1 Chongse han.“ Seine Hunderttausenden Fans feiern die Ironie natürlich unter dem Bild längst mit Kommentaren auf Vongolisch. Trotzdem bekommt Zawrel noch wöchentlich Zuschriften von ihm un-

1 Gemeint ist das Buch „Vong. Was ist das für 1 Sprache?“

bekannten Menschen, die ihn rüde auffordern, seinen Account gefälligst zu löschen oder ihm gönnerhaft erklären, wie die Rechtschreibprüfung von Word funktioniert. „Immer wieder mein Highlight“, sagt Zawrel. Auch er hat vor Kurzem angefangen, seinen Erfolg von Facebook auf andere Kanäle auszuweiten. [...]

Ohnehin sind sich alle Vertreter der Vong-Szene, egal wie zerstritten, in einem Punkt einig: Ihr Vordenker ist der Rapper Money Boy. Der Österreicher wurde 2010 schlagartig internetberühmt mit dem Song „Dreh den Swag auf“, einer legendär tölpelhaft übersetzten Version eines amerikanischen Rap-Songs. Im Video posiert Money Boy unter anderem vor einem Ferrari, der sichtbar in einem Wiener Autohaus steht – und genießt seither trotz allen Spotts den ziemlich einzigartigen Ruf, eventuell doch gar keine Lachnummer, sondern eine komplett ironische Kunstfigur zu sein, die wirklich alle an der Nase herumgeführt hat.

Sogar Sprachwissenschaftler beschäftigen sich inzwischen mit Money Boys Einfluss auf die Sprache. Dass heute zum Beispiel Millionen Deutsche das Wort *nice* benutzen, geht ebenso auf Money Boy zurück wie das Ersetzen des unbestimmten Artikels durch die Ziffer 1. Auf eine Interviewanfrage der SZ reagiert der Rapper nicht, aber wer in seinem Twitter-Archiv gräbt, findet ihn tatsächlich: den Urknall für die Vong-Sprache. Den ersten Tweet, in dem die Wendung „von ... her“ in Kombination mit der 1 vorkommt. Er stammt vom 30. Juni 2014 und lautet: „m1 ist steif von 1 sexy girl her“.

Um sich der epochalen Bedeutung dieses Satzes ganz bewusst zu werden, muss man bei Dr. Alexander Lasch anrufen. Er ist Linguist an der Uni Kiel und hat seine Antrittsvorlesung in diesem Sommersemester der Vong-Sprache gewidmet. Darin referierte er über „die Bedeutung der Zirkumposition [(vong)(x)(her)] und ihre pragmatischen und variationslinguistischen Aspekte“. Lasch klingt ehrlich begeistert von der Quatsch-Formulierung. Er hält es sogar für möglich, dass sie sich dauerhaft im Sprachgebrauch etablieren wird: „Money Boy hat damit eine Lücke gefüllt. Diese Konstruktion ermöglicht es, eine Aussage mit wenig Aufwand nachträglich zu präzisieren. ‚Ich kann nicht ins Kino vom Geld her‘ ist viel ökonomischer als ‚Ich kann nicht ins Kino, weil ich zu wenig Geld habe‘. Ein neues Sprachmuster von dieser Qualität ist selten!“ [...]

Eine junge Familie suchte kürzlich per Anzeige in einer Kasseler Lokalzeitung nach „1 schöne Wohnung vong Lage her, aber auch vong Preis“. Und die Frankfurter Polizei postete im Juni über ihren offiziellen Facebook-Kanal: „Halo wir sims vol die Schlaucops“. Dass die Vong-Sprache auch nach Hunderten solchen Anbiederungen noch massenhaft verwendet wird, zeigt vielleicht am deutlichsten, wie tief das Phänomen schon eingesickert ist. Und wie grandios witzlos der Versuch ist, noch auf irgendeine Urheberschaft zu verweisen.

Wer im Übrigen etwas tiefer gräbt, findet frühe Formen der Vong-Sprache sogar noch aus der Zeit vor Money Boy, H1 und Willy Nachdenklich[2]: „Gestern hat Thomas ein 2k vom Biernbaum abgebrochen und 1 Ratte doht gemacht.“ Der Satz stammt nicht von Facebook oder Twitter, sondern aus einem handgeschriebenen Brief von Pippi Langstrumpf. Gepostet 1945, im Buch „Pippi geht an Bord“.

Jan Stremmel: Vongolisch für Fortgeschrittene. Zitiert nach: http://www.sueddeutsche.de/leben/internet-vongolisch-fuer-fortgeschrittene-1.3583775 (abgerufen am 11.10.2017).

2 Lesen Sie den Bericht von Jan Stremmel und fassen Sie die dort genannten sprachlichen Merkmale des Vongolischen stichwortartig zusammen.

– Regelverstöße gegen die

3 Erläutern Sie, wie das Vongolische laut Bericht verwendet wird.

4 Handelt es sich bei Vongolisch um eine Varietät des Deutschen? Diskutieren Sie.

2 Online-Pseudonym von Sebastian Zawrel

Mein Wissen sichern und anwenden

1 Nehmen Sie zu den beiden Aussagen begründet Stellung.

Ein Soziolekt ist immer von Dialekten streng getrennt.

Kiezdeutsch ist ein Soziolekt.

Arno Holz/Johannes Schlaf: Die Familie Selicke (1890)

KOPELKE (*zu Albert*). [...] Nee, dieset Schweinewetter?! Ick bin – wahhaftijen Jott – janz aus der Puste. (*Er hat sich seinen großen, dicken Wollschal abgezerrt und schlenkert ihn nun nach allen Seiten um sich rum.*) Kopp wech! (*Zu Walter, den er dabei getroffen hat.*) He? Wah det d e i n e Neese?

Arno Holz/Johannes Schlaf: Die Familie Selicke. Stuttgart: Reclam, 2008, S. 9.

2 Lesen Sie die Rede der Figur Kopelke aus dem Drama „Die Familie Selicke". Ordnen Sie die Sprache einer deutschen Dialektregion zu. Begründen Sie Ihre Zuordnung.

A: ok gestern habe ich mich ja ein bisschen aufgeregt bei dsds
B: löl warum?
A: weil 2 rausgefflogen sind die wirklich gut waren oder zumindest einiges besser als 2 die weiterkamen
B: ich fand [NAME] so ein mongo [...]
A: ich fand den cool der hat ne geile kopfstimme

Christa Dürscheid/Sarah Brommer: Getippte Dialoge in neuen Medien. Sprachkritische Aspekte und linguistische Analysen. In: Linguistik online 37, 1/2009. Zitiert nach: http://www.linguistik-online.org/37_09/duerscheidBrommer.html (abgerufen am 11.10.2017).

3 Benennen Sie für den Instant-Messaging-Dialog die Abweichungen von der Standardsprache und erklären Sie, ob diese Abweichungen ausreichen, um die Sprachverwendung als eigene Varietät zu bezeichnen.

Abweichungen in der Standardsprache:

Varietät:

Schreibtraining
Sachtextanalyse

Beim Verfassen einer Sachtextanalyse durchlaufen Sie mehrere Phasen: Sie erschließen den Sachtext und ordnen Ihre Ergebnisse, Sie schreiben Ihre Analyse und überarbeiten diese. Lernen Sie hier, wie Sie diesen Schreibprozess mühelos durchlaufen.

1. Schritt

Erstes Textverständnis festhalten – Aufgabenstellung erfassen

- Textauszug überfliegen und ein erstes Textverständnis verschaffen
- Arbeitsanweisungen (Operatoren) und vorgegebene Untersuchungsaspekte klären
- Textsorte, Autor/Autorin und Quelle des Textes, medialen Kontext (z. B. Rede, Zeitung, Sachbuch, ...) erfassen und einordnen
- Thema und Inhalt des Textes erfassen

2. Schritt

Text aspektorientiert untersuchen

- Text unter den immanenten Aspekten erschließen (Textaufbau, induktive oder deduktive Textentfaltung, Argumentationsstruktur und -weise, sprachliche Gestaltung) und die Ergebnisse festhalten
- Zielgruppe und Aussageabsicht ermitteln
- gegebenenfalls textüberschreitende Aspekte hinzuziehen (Entstehungskontext, Zeitbezüge, Bezug zu anderen Texten)

3. Schritt

Untersuchungsergebnisse ordnen und bewerten

- Position des Autors/der Autorin genau bestimmen und Text kritisch bewerten (insbesondere unter den Aspekten Argumentation, Sprache, Wirkung, Intention)
- Untersuchungsergebnisse nach den Vorgaben der Aufgabenstellung ordnen
- den eigenen Standpunkt zum Text formulieren

4. Schritt

Gliederung erstellen

- **Einleitung:**
  - Einleitungssatz: Autor/Autorin, Titel, Thema, Textsorte und die im Text vertretene Position benennen
  - Übersichtssatz: kurze Inhaltswiedergabe
- **Hauptteil:**
  - den Textaufbau/die Argumentationsstruktur des Textes darlegen
  - weitere Analyseergebnisse entsprechend der Aufgabenstellung darlegen
  - die sprachliche Gestaltung analysieren und in Beziehung zu den anderen Analyseergebnissen setzen
  - die Wirkung und Überzeugungskraft des Textes beurteilen, ggf. eigene Position darlegen (häufig in Teilaufgabe 2 gefordert)
- **Schluss:** Ergebnisse der Analyse zusammenfassen

5. Schritt

Klausur schreiben

- Thesen und Argumente des Autors/der Autorin präzise formulieren
- Ergebnisse der Analyse zu den einzelnen Aspekten darlegen
- eigene Urteile überzeugend begründen
- passende und korrekt zitierte Textbelege einfügen
- roten Faden einhalten: gedankliche Zusammenhänge, sprachliche Verknüpfungen
- sachlich schreiben und Fachbegriffe korrekt verwenden

6. Schritt

Klausur überarbeiten

- in drei gesonderten Durchgängen prüfen:
  - sachliche Richtigkeit und inhaltliche Stimmigkeit
  - Einhaltung des roten Fadens (Folgerichtigkeit)
  - sprachliche Richtigkeit

AUFGABENSTELLUNG

1 Analysieren Sie den Text „Kiezdeutsch ist keine Katastrophe – sischer!" von Michael Miersch im Hinblick auf das darin geäußerte Verständnis von Kiezdeutsch. Berücksichtigen Sie dabei die Absichten des Verfassers und zeigen Sie, mit welchen Argumenten und Beispielen er seine Position entwickelt. *(39 Punkte)*

2 Ordnen Sie Mierschs Beitrag in die Diskussion um die Bewertung verschiedener Sprachvarietäten und insbesondere des Kiezdeutschen ein. Formulieren Sie abschließend eine eigene Position unter Bezugnahme auf die vom Autor genannten Argumente. *(33 Punkte)*

Kiezdeutsch ist keine Katastrophe – sischer!

Von Michael Miersch | Veröffentlicht am 16.06.2009 in „Die Welt"

Man kann Sprache nicht in Sicherungsverwahrung nehmen in dem Glauben, sie so vor den unerwünschten Einflüssen schützen zu können. Das Deutsche wird auch das Kiezdeutsch überleben.

Breiter Gang, Griff in den Schritt und dann dieses Stakkato ohne Artikel und Präpositionen: „Was guckst du?" Da schmerzen jedem die Ohren, der schon mal ein deutsches Gedicht gelesen hat. Dennoch wird am Kiezdeutsch der Migrantenjugend das Abendland nicht zugrunde gehen. Sprache kann man nicht sauber halten wie eine Wohnung. Sprachen atmen Worte ein und aus, solange sie lebendig sind. Sprachen können auch sterben. Laut Unesco wird von den circa 6 500 Sprachen der Welt die Hälfte schon bald tot sein. Keiner mag sie mehr benutzen, da die Menschen andere Sprachen attraktiver finden. Es ist ein Verlust und zugleich ein evolutionärer Prozess aus dem auch immer wieder Neues entsteht: zum Beispiel Kiezdeutsch.

Spiegelt die Kiezsprache der türkischstämmigen Jugendlichen das Integrationsproblem? Ist es Menetekel[1] einer sich verfestigenden Parallelgesellschaft? Nein, sagt die Potsdamer Germanistin Heike Wiesel, es ist eine Zweitsprache, die Pubertierenden ein Zugehörigkeitsgefühl vermittelt. Solche Jugendsprachen sind nichts Neues. Die Hippieszene in den Stadtparks der 70er-Jahre entwickelte eine verquaste Mundart, die aus Rockmusik und Underground-Literatur zusammengesetzt war. Teile der Studentenschaft benutzten ein adornitisches[2] Idiom, das von Außenstehenden kaum noch als Deutsch zu erkennen war. Beides hat ein paar Spuren hinterlassen, konnte dem Hochdeutschen aber nichts anhaben. Jede Subkultur verabreicht der Sprache eine kleine Blutauffrischung, die sie jung erhält. Napoleonische Truppen und Hugenotten hinterließen französische Akzente, die GIs und ihr Radiosender AFN amerikanische. Nicht mal die Nazis schafften es, das Deutsche vom Jiddischen zu reinigen. Dieser Prozess ist keine Einbahnstraße: Unter amerikanischen Studenten gilt es als schick, ein paar deutsche Worte einzustreuen.

Nicht nur die Unterschicht verhunzt die Sprache. Einen ebenso peinlichen sozialen Dialekt haben die Führungsetagen der Wirtschaft hervorgebracht. Kritiker nennen diesen Sprachcode, in Anspielung auf den Rinderwahnsinn BSE, Bad Simple English. Schlichte Gedanken und dürftige Ideen werden dabei durch Versatzstücke aus dem Englischen aufgeblasen. Um Bedeutung zu simulieren, wedelt man unentwegt mit Begriffen wie Mindset, Forecast, Scoring, Benchmarking, Downsizing, Rollout, Asset und Outsourcing. Zum Glück hat dieses Manager-Denglisch seine beste Zeit bereits hinter sich. Heute sitzt in jeder Konferenz mindestens einer, der die Augen verdreht, wenn allzu viele Sprechblasen dieser Art in die Luft gelassen werden. Im Alltag der meisten Menschen hat es ohnehin nicht sonderlich gestört, weil man in der U-Bahn und im Supermarkt selten diskutierenden Managern begegnet. Häufiger jedoch Jugendlichen mit Migrationshintergrund, wodurch deren Slang für viele zum Ärgernis wurde.

---

1 Menetekel, das: warnendes Anzeichen drohender Gefahr
2 Theodor W. Adorno (1903–1969): deutscher Philosoph und ein Hauptvertreter der Kritischen Theorie

Solange die Jugendlichen die Kiezsprache als Zweitsprache benutzen, bleibt die Tür zur Integration offen. Die, die tatsächlich nicht anders sprechen können, sind eine Minderheit in der Minderheit. Längst hat die Ironisierung der „Kanak Sprak“, die aus dem Migrantenmilieu selbst kam, auch den Großteil derer erreicht, die so sprechen. Kaya Yanar, Erkan und Stefan[3] entfalteten eine segensreiche pädagogische Wirkung. Viel problematischer als Jungmannen in Picaldi-Hosen sind Importbräute, die ein Leben isoliert von der deutschen Mehrheitsgesellschaft führen und mit ihren Kindern kein Deutsch sprechen können. Für sie wäre schon Kiezdeutsch ein Fortschritt.
Sprachkurse und Sprachprüfungen für Einwanderer und Bürger, die die deutsche Staatsangehörigkeit anstreben, sind also durchaus sinnvoll. Ebenso kann kein Land auf eine für alle verbindliche Standardsprache verzichten. Österreich und die Deutschschweiz machen vor, wie man Dialekte leben lässt (und sogar pflegt) und doch gleichzeitig das Beherrschen der Hochsprache jedem zumutet, damit sich die regionalen Kulturen nicht zu weit voneinander entfernen.
Sind diese Standards gesetzt, empfiehlt sich eine gelassene Haltung gegenüber dem Wandel. Sprachliche Reinheitsgebote à la francaise wirken nicht sehr zukunftsfähig. Man kann Sprache nicht in Sicherungsverwahrung nehmen, in dem Glauben, sie so vor den unerwünschten Einflüssen schützen zu können. Das Deutsche wird auch das Kiezdeutsch überleben und sich vermutlich ein paar Souvenirs davon aufheben. Bin isch sischer.

Michael Miersch: Kiezdeutsch ist keine Katastrophe – sischer! Zitiert nach: https://www.welt.de/debatte/kommentare/article6074696/Kiezdeutsch-ist-keine-Katastrophe-sischer.html (abgerufen am 09.03.2018).

Schritt 1

Erstes Textverständnis festhalten – Aufgabenstellung erfassen

1.1 Verdeutlichen Sie sich die Anforderungen, die die Aufgabe an Sie stellt. Skizzieren Sie dazu zu jedem Operator Ihre geplante Vorgehensweise. Benennen Sie abschließend, auf welcher der beiden Teilaufgaben der Schwerpunkt der Bearbeitung liegen soll.

„Analysieren“ in Aufgabe 1 verlangt eine Texterfassung, Textbeschreibung und Textuntersuchung. Dazu

„Einordnen“ in Aufgabe 2 fordert, die Aussagen des Autors in Verbindung zur Diskussion um die Bewertung verschiedener Sprachvarietäten zu setzen. Dazu

„Formulieren“ in Aufgabe 2 heißt, eine eigene Stellungnahme zur Frage der Bewertung des Kiezdeutschen zu skizzieren und differenziert zu begründen. Dazu

Der Schwerpunkt der Bearbeitung liegt auf

3 Kayar Yanar, Erkan und Stefan: deutsche Komiker (um die Jahrtausendwende), die die Kiezsprache in ihren Shows verwendeten

1.2 Benennen Sie die Textquelle und erläutern Sie, welche Erwartungen Sie an den Inhalt und die Gestaltung des Textes haben.

1.3 Lesen Sie den Text und formulieren Sie erste Eindrücke.

Schritt 2

Text aspektorientiert untersuchen

WISSEN

Sachtexte analysieren

Sachtexte, die Sie im Rahmen des Deutschunterrichts analysieren sollen, vermitteln häufig eine bestimmte Perspektive auf eine Sach- oder Streitfrage. Die Art und Weise der Vermittlung, also wie Aussagen dargestellt werden, ist Gegenstand der Sachtextanalyse. Dabei geht es um inhaltliche, formale und sprachliche Aspekte, die miteinander in Beziehung stehen. Die folgenden Punkte sollten Ihre Analyse begleiten:

- **Inhalt und Aufbau des Textes: Wie wird der Inhalt entfaltet und strukturiert?**
  Hier gilt es zunächst, das Thema des Textes zu erfassen und im Anschluss zu untersuchen, wie es entfaltet wird: Die induktive Form geht von konkreten Beispielen aus, aus deren Analyse eine allgemeine These entwickelt wird oder die den Lesern für eigene Schlussfolgerungen dargeboten werden. Die deduktive Form geht von einer allgemeinen These aus, wobei Beispiele der Veranschaulichung dienen. Auch die Untersuchung der Überschrift, die Erfassung der Hauptaussagen und der Absicht des Autors/der Autorin ist hier gewinnbringend.
- **Argumentationsstruktur: Mithilfe welcher Argumente wird die zentrale Position gestützt?**
  Haben Sie die zentrale Position des Textes erfasst, ermitteln Sie, mit welchen Argumenten und Beispielen diese gestützt wird. Die Argumentationsstruktur kann steigend (linear) vom schwächsten zum stärksten Argument erfolgen oder es können Pro- und Kontra-Argumente im Wechsel präsentiert werden.
- **Argumentationsweise und sprachliche Gestaltung: Welche sprachlichen Mittel und rhetorischen Strategien werden mit welcher Wirkung eingesetzt?**
  Die Argumentationsweise ist durch den sprachlichen Stil und die Wahl rhetorischer Mittel charakterisiert. Sie kann zum Beispiel sachlich, wertend, mahnend oder alarmierend sein. Auch die Strategien zur Leserlenkung bedürfen einer genaueren Untersuchung.

2.1 Verschaffen Sie sich einen Überblick über den Inhalt des Textes. Fassen Sie ihn dazu am Rand abschnittsweise zusammen. Entscheiden Sie im Anschluss, ob der Autor induktiv oder deduktiv vorgeht.

2.2 Benennen Sie die zentrale These des Textes. Prüfen Sie im Anschluss, in welchem Bezug die Aussagen 1 und 2 zur zentralen These stehen.

These:

A Für Menschen, die isoliert von Mehrheitsgesellschaft leben, wäre Kiezdeutsch ein Vorteil.

B Kein Land kann auf eine verbindliche Standardsprache verzichten.

2.3 Mit welchen wesentlichen Argumenten stützt Miersch seine These? Geben Sie die Hauptargumente wieder und bestimmen Sie jeweils, um welchen Argumenttyp es sich dabei handelt.

Argument 1:

Argument 2:

WISSEN

Argumenttypen
Faktenargument: Berufung auf nicht bestreitbare Tatsachen, Beobachtungen
normatives Argument: Berufung auf allgemeingültige Normen und Wertvorstellungen
Autoritätsargument: Berufung auf anerkannte (Fach-)Autoritäten
Analogieargument: Verweis auf ähnliche Sachverhalte und Fälle
Plausibilitätsargument: Hinweis auf allgemeine Erfahrungen und logische Folgerichtigkeit

2.4 Untersuchen Sie die Leserlenkung im Text von Miersch, indem Sie beschreiben, wie die folgenden Textstellen auf Sie wirken und wodurch diese Wirkung hervorgerufen wird.

Textstelle	Wirkung
„Breiter Gang, Griff in den Schritt und dann dieses Stakkato ohne Artikel und Präpositionen: „Was guckst du?“ Da schmerzen jedem die Ohren, der schon mal ein deutsches Gedicht gelesen hat.“ (Z. 4 ff.)	
„Dennoch wird am Kiezdeutsch der Migrantenjugend das Abendland nicht zugrunde gehen.“ (Z. 6 f.)	
„Viel problematischer als Jungmannen in Picaldi-Hosen sind Importbräute, die ein Leben isoliert von der deutschen Mehrheitsgesellschaft führen und mit ihren Kindern kein Deutsch sprechen können. Für sie wäre schon Kiezdeutsch ein Fortschritt.“ (Z. 43 ff.)	

WISSEN

Mittel der Leserlenkung erläutern und beurteilen

Unter Leserlenkung im engeren Sinne versteht man Merkmale der formalen Textgestaltung, die beeinflussen, ob und wie ein Text gelesen wird. Dazu gehören Überschrift, Teilüberschriften, Leadtexte, Hervorhebungen durch Fettdruck, Gliederung durch Absätze oder Ziffern.
Im weiteren Sinne versteht man unter Leserlenkung alle stilistischen und rhetorischen Mittel, durch die die Aufmerksamkeit oder die Haltung des Lesers gelenkt wird. Dazu gehören:

- alltagsnahe, vereinfachende oder übertreibende Fallbeispiele
- Metaphern beziehungsweise bildhafte Sprache
- rhetorische Figuren: zum Beispiel Übertreibungen, rhetorische Fragen, Antithesen
- rhetorische Taktiken: zum Beispiel Provokation, Aufstellen von Scheinalternativen, Verharmlosung, Schwarz-Weiß-Denken, Pauschalisierung

2.5 Im Text wird Sprache mit Eigenschaften eines Lebewesens charakterisiert. Finden Sie Beispiele für diese Metapher und erläutern Sie deren Wirkung.

2.6 Charakterisieren Sie den Sprachstil des Textes und erläutern Sie, inwiefern er typisch für die Textsorte ist.

Schritt 3

Untersuchungsergebnisse ordnen und bewerten

3.1 Beurteilen Sie vor dem Hintergrund Ihrer bisherigen Textanalyse, welche Absichten Miersch mit seinem Text verfolgt und wie er das Kiezdeutsche bestimmt und bewertet. Prüfen Sie dazu die folgenden Ausführungen eines Schülers.

In seinem Text „Kiezdeutsch ist keine Katastrophe – sicher!" ruft Michael Miersch zur Gelassenheit gegenüber sprachlichen Moden allgemein und gegenüber dem Kiezdeutschen im Besonderen auf. Beim Kiezdeutschen handele es sich um eine Zweitsprache, die die deutsche Sprache nicht gefährde.

3.2 In der zweiten Teilaufgabe werden Sie aufgefordert, den Text in die Debatte um das Kiezdeutsche einzuordnen. Verdeutlichen Sie sich dazu, welche Positionen Sie bisher zu diesem Thema kennengelernt haben, und halten Sie dieses Wissen in der Tabelle fest.

Wissenschaftler und ihre Position	**Thesen und Argumente**	**ggf. Belege bzw. Beispiele**
Heike Wiese (S. 32) sieht keinen Sprachverfall.	*Kiezdeutsch ist kein falsches Deutsch, sondern eine „systematische, produktive Erweiterung" (Z. 12) des Standarddeutschen. Kiezdeutsch ist ein neuer, urbaner Dialekt.*	*„Lassma Viktoriapark gehen, Lan." (Z. 3) u. a. als Belege für produktive Erweiterung und systematische Abweichungen vom Standarddeutschen.*
Helmut Glück (S. 33) sieht		
Jürgen Trabant (S. 34) ist		
Benjamin Könning (S. 29) sieht in der Jugendsprache		

3.3 Ordnen Sie die Position von Miersch auf der Grundlage Ihrer Arbeitsergebnisse aus Aufgabe 3.2 in die Debatte ein.

3.4 Formulieren Sie Ihre eigene Position zum Text und begründen Sie sie.

Schritt 4

Gliederung erstellen

4.1 Ordnen Sie folgende Bestandteile einer Sachtextanalyse dem richtigen Gliederungspunkt zu. Notieren Sie dazu vor jedem Bestandteil entweder eine (1) für Einleitung, eine (2) für den Hauptteil oder eine (3), wenn er zum Schluss der Sachtextanalyse gehört.

[1] *Wiedergabe der These(n)*	[ ] *Bearbeitung der 2. Teilaufgabe*	[ ] [ ] *Benennung der Textintention*
[ ] *Quelle, Autor(in), Erscheinungsjahr, Textsorte, Adressaten*	[ ] *Zusammenfassung der Analyseergebnisse*	[ ] *Übersichtssatz: kurze Inhaltswiedergabe*
[ ] [ ] *Bewertung der Umsetzung und Überzeugungskraft des Textes*	[ ] *Charakterisierung der sprachlichen und formalen Gestaltung*	[ ] *Bearbeitung der 1. Teilaufgabe*
[ ] *absatzweise Zusammenfassung des Inhalts*	[ ] *Darstellung der eigenen Position und deren Begründung*	[ ] *Darstellung des Textaufbaus/der Argumentationsstruktur, Benennung der Hauptargumente*

4.2 Ordnen Sie die Punkte aus Aufgabe 4.1 in der richtigen Reihenfolge an und erstellen Sie auf dieser Grundlage eine Gliederung für die Analyse des Textes von Miersch. Notieren Sie auch, wie Sie zwischen den einzelnen Punkten überleiten wollen.

Schritt 5

Klausur schreiben

5.1 Formulieren Sie Ihre Sachtextanalyse vollständig aus. Nutzen Sie die Sprachtipps.

SPRACHTIPP

Positionen wiedergeben und begründen

fremde Positionen und Argumente wiedergeben: Der Autor/die Autorin stellt die These auf / behauptet / führt aus, dass … | Der Autor / die Autorin stellt dar / betont / hebt hervor / mahnt an / legt dar / kritisiert, dass … | Nach Ansicht des Autors / der Autorin lässt sich dieses Problem / diese Streitfrage (er)klären durch / zurückführen auf / beantworten mit … | Der Autor / die Autorin stützt seine / ihre These auf / beruft sich auf / bezieht sich auf … | Dabei geht der Autor / die Autorin davon aus, dass …
sich fremden Positionen anschließen: Für die Position des Autors / der Autorin spricht … | Die Darstellung / Argumentation überzeugt durch … | Die Position des Autors / der Autorin ist plausibel, weil … / wenn man beachtet, dass … | Zur Bekräftigung der These kann … herangezogen werden. | In Übereinstimmung mit dem Autor / der Autorin komme ich zu dem Ergebnis, dass …
fremde Positionen kritisieren: dagegen, andererseits, indessen, allerdings, jedoch, gleichwohl | An dieser Stelle ist zu hinterfragen / zu prüfen / einzuwenden … | Dabei bleiben folgende Aspekte des Themas unberücksichtigt / unbeantwortet / undeutlich: … | Der Autor / die Autorin übersieht (völlig), dass … | Man kann entgegenhalten / entgegensetzen / entgegenstellen, dass …
eigene Position darstellen und begründen: Meines Erachtens / meiner Auffassung / meiner Meinung nach … | Es wird deutlich / ersichtlich, dass … | Es ergibt sich der Schluss / die Folgerung | aufgrund, weil, wegen | der Grund / die Begründung hierfür ist, dass … | Die bisherigen Erkenntnisse sprechen für / bekräftigen / bestätigen / belegen / untermauern die These, dass …

Schritt 6

Klausur überarbeiten

6.1 Überarbeiten Sie Ihre Klausur, um individuelle Fehlerschwerpunkte zu ermitteln.

3 Veränderungstendenzen der Gegenwartssprache

lein ernweg

A Sprachwandel oder Sprachverfall?
Sprachkritik reflektieren

B „Geht das nicht auf Deutsch?"
Den Einfluss der englischen Sprache bewerten

C Ein Motor des Sprachwandels
Die Wirkung von Migration auf den Sprachgebrauch beschreiben

D Die Digitalisierung unserer Kommunikation
Einflüsse der Medien auf den Sprachgebrauch erklären

Eisenach, 28. Juni 1784 (nach Kochberg)

Ja, liebe Lotte, jetzt wird es mir erst deutlich, wie Du meine eigne Hälfte bist und bleibst ... Ich bin kein einzelnes kein selbstständiges Wesen. Alle meine Schwächen habe ich an Dich angelehnt, meine weichen Seiten durch Dich beschützt, meine Lücken durch Dich ausgefüllt. Wenn ich nun entfernt von Dir bin, so wird mein Zustand höchst seltsam. Auf einer Seite bin ich gewaffnet und gestählt, auf der andern wie ein rohes Ei, weil ich da versäumt habe, mich zu harnischen, wo Du mir Schild und Schirm bist. Wie freue ich mich, Dir ganz anzugehören. Und dich nächstens wieder zu sehen.
Alles lieb ich an Dir und alles macht mich Dich mehr lieben.

Liebesbrief von Johann Wolfgang Goethe an Charlotte von Stein. Zitiert nach: https://gutenberg.spiegel.de/buch/briefe-der-liebe-8481/66 (abgerufen am 25.06.2018).

1 **Lesen Sie Johann Wolfgang Goethes Brief an Charlotte von Stein und vergleichen Sie Absicht, Inhalt, Form und Sprache mit den Sofortnachrichten.**

2 **Tauschen Sie sich aus: Ist die Sofortnachricht ein Zeugnis für einen Verfall unserer Sprache?**

3 **Diskutieren Sie die Aussagen des ehemaligen Vorsitzenden des deutschen Rechtschreibrats Hans Zehetmair. Halten Sie seine Kritik für berechtigt?**

„Eine junge Generation schreibt heute – um eine Liebe zum Ausdruck zu bringen – keine Briefe mehr, sondern ‚HDL' – ‚Hab Dich lieb'. Unsere Zeit ist so schnelllebig geworden. Da müssen Sie sich nur die Twitter-Literatur ansehen, in der es keine ganzen Sätze mehr gibt. Wir sind weltweit in zivilisatorischen Gesellschaften auf dem gefährlichen Weg, dass immer weniger gelesen, immer mehr Fetzenliteratur gepflegt, immer weniger geschrieben wird. Man nimmt sich kaum noch die Zeit, ganze Sätze zu formulieren. Nach Angaben von Linguisten müssten rund 20 Prozent der 15-Jährigen heute als Analphabeten bezeichnet werden."

Die Presse: Experte: „Fetzenliteratur" bedroht Sprachkompetenz junger Leute. Zitiert nach: https://diepresse.com/home/bildung/schule/hoehereschulen/720779/Experte_Fetzenliteratur-bedroht-Sprachkompetenz (abgerufen am 21.02.2018).

A Sprachwandel oder Sprachverfall?
Sprachkritik reflektieren

Ludwig Reiners: Rettet den Genitiv! (1963)

Kein Genitiv mit von! *Als die Herren von dem Hause kamen ...* Was heißt das? Heißt das *die Herren des Hauses* oder *die Herren kamen von dem Haus her?* Der Zusammenhang ergibt: es sind *die Herren des Hauses* gemeint; der Verfasser hielt *von dem Haus* offenbar für einen Genitiv (Wesfall).
Aber man darf im Deutschen nie den Genitiv mit *von* wiedergeben. Im Alltag sagt man manchmal: *das Haus von meinem Vater* (noch schlimmer: *meinem Vater sein Haus*). Aber das ist ein erbärmlicher Schnitzer. Es muss heißen: *das Haus meines Vaters* oder auch *meines Vaters Haus.*
Bilden Sie nie den Genitiv mit *von*! Stilverbot

Ludwig Reiners: Stilfibel. Der sichere Weg zum guten Deutsch. München: Beck, 1963, S. 35.

Kiepenheuer & Witsch, Köln

1 Benennen Sie, welche sprachliche Veränderungstendenz in der „Stilfibel" von 1963 und auf dem Buchcover von Bastian Sick kritisiert wird. Erläutern Sie, wie die Kritik jeweils erfolgt.

2 Nehmen Sie Stellung zu diesen und ähnlichen Ihnen bekannten, sprachkritischen Beiträgen.

a) Wie bewerten Sie die Art und Weise sowie die Wirkung von Sprachkritik?

b) Welche Schlüsse ziehen Sie über die Schnelligkeit von Sprachwandelprozessen?

BASISTEXT

Christian Heinrich: Fehler machen Worte (2009)

Die Sprache wandelt sich ständig – und wir alle sind daran beteiligt. Was treibt uns an?
[...] Die Sprache wandelt sich, und sie geht dabei ihren eigenen Weg, früher wie heute. Sprachwächter wie der *Spiegel*-Kolumnist Bastian Sick oder der Kritiker Wolf Schneider können vor Anglizismen warnen, soviel sie wollen, Intellektuelle in den Feuilletons unermüdlich den Verfall der deutschen Sprache monieren – aber im Grunde begleiten sie alle nur einen Prozess, auf den sie eigentlich kaum Einfluss haben. Niemand gibt den fast 100 Millionen Menschen, die Deutsch als ihre Muttersprache bezeichnen, eine Richtung vor. Und doch kommt es in der Sprache ständig zu Veränderungen. [...]

Wie lassen sich solche Veränderungen erklären? Warum weichen wir, die Deutschsprechenden, immer wieder vom herkömmlichen Gebrauch der Sprache ab – oft gemeinsam und koordiniert, aber ohne uns dessen bewusst zu sein? Bei solchen Fragen kommt der Linguist Rudi Keller auf die Trampelpfade zu sprechen.
Über die Rasenflächen des Campus der Universität Düsseldorf, an der Keller lehrt, zieht sich ein Netz von Trampelpfaden. Betrachtet man die Wege von oben, wird schnell klar: Dieses scheinbar zufällig entstandene Netz ist ökonomisch und durchdacht – und in seiner Struktur den von Architekten angelegten Pflasterwegen weit überlegen. Das liegt aber nicht an der Intelligenz oder Planung der Beteiligten – sondern an ihrer Faulheit. Freundlicher ausgedrückt: Die Studenten und Angestellten wollen einfach schneller von der Bibliothek zum Hörsaal gelangen.

VISUM Foto GmbH (Jan Dirk van der Burg), Hannover

„Auch in der Sprache muss man zuerst die Motivation untersuchen, wenn man wissen will, warum sie sich ändert", sagt Keller. Eines der Urmotive sei hier ebenfalls, Energie zu sparen, ergo: Bequemlichkeit. Ganz so einfach lässt sich das in der Praxis aber nicht immer umsetzen. Wer in der Sprache abweicht von den gepflasterten Wegen, feststehenden Grammatikregeln und dem linguistischem Allgemeingut, macht formal gesehen zunächst einen Fehler. Dessen einzige Beachtung besteht anfangs häufig in seiner Verurteilung: Schlampiger Sprachgebrauch, nein danke! „Solange Fehler nicht systematisch gemacht werden, bleiben sie folgenlos", sagt Keller.
Machen aber alle denselben Fehler, dann ist er keiner mehr. Auf dem Düsseldorfer Campus wurden Pfade erst sichtbar, nachdem das Gras von einzelnen Übeltätern, die sich im Nachhinein als Pioniere erwiesen haben, niedergetrampelt war. Bald benutzten immer mehr Menschen die neuen Wege. Die Vorzüge der neuen Option hatten sie überzeugt.
In der Sprache kämpfen etliche Abweichungen darum, sich im Alltag durchzusetzen. „Im Herbst diesen Jahres" etwa gilt als falsch, richtig ist „im Herbst dieses Jahres". Aber sogar in Nachrichtensendungen hört man häufig die falsche Variante. Der Grund: Die meisten ähnlichen Konstruktionen tragen ein n, „im Herbst vergangenen Jahres" und „im Herbst nächsten Jahres" beispielsweise. Ein ausreichendes Motiv, meint Keller. Was heute noch falsch ist, könnte morgen die Regel sein.
Da sich neue Normen scheinbar wie von selbst etablieren, obwohl alle Beteiligten nur nach eigenen Motiven handeln, spricht Keller in Anlehnung an Adam Smith von der „unsichtbaren Hand". Besonders in der gesprochenen Sprache lässt sich deren Wirken immer wieder beobachten. Die Konstruktion „wir haben" etwa wird längst häufig als „wir ham" ausgesprochen. Faulheit. Auf die Orthografie, die Schriftsprache, hat das bislang keine Auswirkungen. Dies kann sich jedoch ändern. Das einstmals gebräuchliche Aufzählwort „sibuntozehanto" etwa hat sich schließlich auch nach und nach den Verkürzungen der gesprochenen Sprache gebeugt: Heute spricht und schreibt man einheitlich „siebzehnte". „Wahrscheinlich wird in einigen Jahrzehnten oder Jahrhunderten in der Schriftsprache auch ‚wir haben' durch ‚wir ham' ersetzt sein", prognostiziert Keller.

Christian Heinrich: Fehler machen Worte. In: ZEIT 19/2009. Zitiert nach: http://www.zeit.de/2009/19/B-Sprachentwicklung (abgerufen am 21.02.2008).

3 Erläutern Sie, was die Theorie der Trampelpfade des Sprachwissenschaftlers Rudi Keller über Sprachveränderungsprozesse aussagt.

4 Welche Antwort gibt der Text auf die Kritik am vermeintlichen Sprachverfall? Was ist Ihre eigene Position zum Thema? Diskutieren Sie.

B „Geht das nicht auch auf Deutsch?“

Den Einfluss der englischen Sprache bewerten

Woessner, Freimut; Berlin

1 Erläutern Sie die Pointe der Karikatur.

2 Übertragen Sie die Äußerungen in eine Sprache, wie Sie sie in derselben Situation benutzen würden. Sie können dazu die Szene kurz nachspielen. Vergleichen Sie Ihre Ergebnisse sprachlich.

3 Handy, surfen, Sinn machen, facility manager. Wie bewerten Sie den Einfluss der englischen Sprache auf das Deutsche?

WISSEN

Anglizismus

Als Anglizismus wird ein Wort oder eine Wendung bezeichnet, die aus der englischen Sprache entlehnt oder mithilfe der englischen Sprache im Deutschen gebildet wurde. Ob sich ein Anglizismus durchsetzt, hängt von der allgemeinen Akzeptanz des Ausdrucks ab. Die Bewertung und der Gebrauch von Anglizismen kann sich im Lauf der Zeit verändern.

BASISTEXT

Annika von Taube: Geht das nicht auch auf Deutsch? (2014)

Anglizismen sind etwas für faule Ignoranten, sie vergewaltigen die deutsche Sprache und treiben sie in den Tod. Unsinn. Im Gegenteil, Anglizismen verdienen einen Preis.

Neulich hatten wir wieder so einen Fall. Da haben wir einen Kommentar *depublisht*. Und unsere Leser aus Transparenzgründen im Kommentarbereich darüber informiert, wir hätten einen Kommentar „unveröffentlicht".

Unveröffentlicht? Was ist das denn bitte für ein Wort, empörten sich Kommentatoren daraufhin. Unveröffentlichen, das meint das Zurückziehen eines bereits veröffentlichten Inhalts (zur Sicherheit sei darauf hingewiesen, dass wir äußerst selten Kommentare unveröffentlichen, nämlich nur dann, wenn es sich um Serien-*Spam* oder bedenkliche Nutzernamen handelt). Im Englischen gibt es ein klar verständliches Wort dafür: *to depublish*.

Das deutsche Wort klingt etwas unbeholfen. Aber würden wir das englische verwenden, wäre die Empörung noch viel größer. Wer auf eine andere Sprache als die eigene zurückgreifen muss, um sich auszudrücken, ist schlampig, faul oder beschränkt. So lautet zumindest die gängige Leserkritik. Es gibt nichts, was sich in der deutschen Sprache nicht ausdrücken ließe, das mag stimmen. Aber englische Begriffe sind oft so schön *catchy*, so *on point*. Und sie werden gerade in digitalen Umfeldern gern genutzt, wie die *User* unserer *Community* natürlich wissen.

Der Begriff *Crowdfunding* zum Beispiel lässt sich auf Deutsch mit „Gruppenfinanzierung" oder „Schwarmfinanzierung" übersetzen. Dass er aber seinen Ursprung nicht nur im englischsprachigen, sondern auch im digitalen Raum hat, geht bei der deutschen Übersetzung verloren: „Gruppenfinanzierung" klingt nach ältlichem Provinzverein, *Crowdfunding* nach energetischem Start-up. *Crowdfunding* wurde 2012 zum „Anglizismus des Jahres" gewählt. [...]

Seit 2010 bemüht sich Anatol Stefanowitsch, Professor für englische Sprachwissenschaft an der Freien Universität Berlin, um die Förderung eines positiven Blicks auf Anglizismen, indem er zur Wahl des „Anglizismus des Jahres" aufruft. Diese Auszeichnung begreift Lehnwörter nicht als sprachliche Mängel, sondern im Gegenteil als Bereicherung unserer Sprache. Gewählt wird jeweils ein Lehnwort, das „im laufenden Jahr ins Bewusstsein und den Sprachgebrauch einer breiten Öffentlichkeit gelangt ist und eine interessante Lücke im deutschen Wortschatz füllt."

Vorschläge einreichen kann jeder, die Auswahl erfolgt durch eine Fachjury von Sprachwissenschaftlern. Über die laufenden Einreichungen [...] informiert ein Blog. Ganz vorn dabei ist momentan das *Selfie*[1], überhaupt sind Begriffe aus der Welt der sozialen Medien überproportional vertreten, ähnlich sieht es im Bereich neuer Technologien aus. Bedeuten also mediale Digitalisierung und technologische Evolution gewissermaßen als Lehnwort-Schleusen eine Bedrohung der deutschen Sprache? Professor Stefanowitsch kann beruhigen: „Lehnwörter finden wir immer dort, wo es Veränderungen gibt – neue Technologien und neue gesellschaftliche Praktiken müssen benannt werden, und wenn eine wichtige Bezugskultur schon Wörter hat, werden die einfach übernommen. Durch Entlehnung sind Sprachen in der Lage, sich aktuellen Entwicklungen anzupassen und für die Sprachgemeinschaft nützlich zu bleiben. Und nur wenn eine Sprache nicht mehr nützlich ist, läuft sie Gefahr, zu verschwinden."

Keine Gefahr also. Und für Gegner der Anglizismenflut in den „neuen" Medien gäbe es folgenden Lösungsvorschlag: Sie müssten nur dafür sorgen, dass Neuentwicklungen statt aus dem englischsprachigen aus dem deutschen Raum kommen.

Annika von Taube: Geht das nicht auch auf Deutsch? Zitiert nach: http://www.zeit.de/community/2014-11/anglizismus-digitalisierung (abgerufen am 22.09.2017).

4 Geben Sie die zentrale Aussage Annika von Taubes in Bezug auf englische Lehnwörter wieder.

1 bezogen auf das Jahr 2014

5 Bewerten Sie die Übersetzung „unveröffentlicht" für „depublisht" (S. 51, Z. 3 ff.).

6 **PLUS** Welches wäre Ihr Favorit für den „Anglizismus des Jahres"? Schlagen Sie Anatol Stefanowitsch ein Wort vor und verfassen Sie eine kurze Begründung zu Ihrem Vorschlag.

BASISTEXT

„Eine Sprache muss sich ständig ändern" – Interview mit dem Sprachwissenschaftler Harald Haarmann (2011)

[...] **Oliver Gehrs:** Warum ist das Englische so dominant?

Harald Haarmann: Da gibt es die griffige Formel eines anderen Sprachforschers: Wer hat als Erstes ein gut organisiertes Kolonialreich aufgebaut, und zwar global? Das waren Engländer. Von wo aus hat sich die Industrialisierung über die Welt verbreitet? Das waren die USA und England. Und wer hat den Krieg gewonnen und nach 1945 weltweit Einfluss genommen? Wieder die USA. Man kann sagen: Das Englische war immer zur rechten Zeit am rechten Platz.

Gehrs: Heute kommt es einem oft deplatziert vor: Die Menschen sitzen in „Meetings", sie lassen sich „briefen" und „debriefen" oder reden über den „Mainstream". Machen die vielen englischen Wörter das Deutsch kaputt?

Haarmann: Das ist die globale Marketingsprache. Sprachsoziologen sprechen vom *Bloodless English* – vom blutlosen Englisch. Man muss sich immer fragen, in welche gesellschaftlichen Bereiche das hineinragt. Wenn man sich die deutschen Bücher ansieht, dann sieht man da keinen großen Einbruch des Englischen. In technologischen Biotopen wie dem Internet ist das natürlich anders.

Gehrs: Sollten wir nicht eigene Wörter erfinden, wie die Franzosen das machen?

Haarmann: Die Realität ist doch, dass die Menschen dennoch alle Englisch sprechen, auch in Frankreich. Manchmal sind englische Wörter einfach griffiger, dann ist es auch gut, sie zu benutzen. Da war die deutsche Sprache immer offen. Das Problem ist eher, dass unsere Kommunikation sehr atemlos geworden ist und kaum Platz für die Pflege der Sprache lässt.

Gehrs: Weil ständig falsch geschriebene Kurznachrichten durch die Gegend schwirren ...

Haarmann: Man sollte gerade den jungen Leuten die Augen dafür öffnen, dass es sich lohnt, die eigene Sprache zu pflegen.

Gehrs: Wie sieht die Zukunft aus? Wird das Englisch noch gewinnen?

Haarmann: Ich kann mir vorstellen, dass das Chinesische dominanter wird. China ist die zweitgrößte Wirtschaftsmacht, und die dortigen Politiker werden vielleicht irgendwann kein Englisch mehr sprechen wollen. In Afrika, in dessen Wirtschaft China große Summen steckt, werden bereits viele Chinesischkurse angeboten. Da wächst also eine Generation von Afrikanern heran, die als Zweitsprache Chinesisch statt Englisch spricht. [...]

„Eine Sprache muss sich ständig ändern". Interview von Oliver Gehrs mit dem Sprachwissenschaftler Harald Haarmann. In: fluter. Magazin der Bundeszentrale für politische Bildung. Krissu geiles Heft für free: Thema Sprache, Heft 39 (2011), S. 5 ff.

7 Fassen Sie zusammen, wie Haarmann den Einfluss des Englischen bewertet.

C Ein Motor des Sprachwandels

Die Wirkung von Migration auf den Sprachgebrauch beschreiben

BASISTEXT

Uwe Hinrichs: Hab isch gesehen mein Kumpel – Wie die Migration die deutsche Sprache verändert hat (Textausschnitt 1, 2012)

Uwe Hinrichs, 62, lehrt Südosteuropa-Linguistik am Institut für Slavistik der Universität Leipzig und veröffentlichte zuletzt das „Handbuch der Eurolinguistik".

Menschen, die ihre Heimat verlassen, sei es aus Not oder aus Neigung, bringen außer ihren Hoffnungen auch ihre Sprache mit. Zu allen Zeiten und überall haben Einwanderer die Sprache ihres jeweiligen Gastlandes verändert. Überall war und ist dies ein kreativer, fruchtbarer Prozess. Die Zonen, in denen solche Kontakte vielfältigen Sprachwandel ausgelöst haben, sind vor allem Afrika, der indische Subkontinent oder die karibische Welt.

Auch in Europa sind viele Sprachen und Sprachzonen erst durch lang andauernde Kontakte von Menschen und Kulturen das geworden, was sie heute sind. Das Englische mit seiner einfachen Grammatik ist das Produkt einer Symbiose mit der Sprache der normannischen Eroberer im Mittelalter; auf dem Balkan haben das Bulgarische, Rumänische und Albanische ihre Strukturen in jahrhundertelangen Kontakten einander weitgehend angeglichen; ja sogar das hochentwickelte Lateinische hat seine komplizierte Grammatik radikal vereinfacht, als daraus schließlich Französisch, Italienisch und Spanisch wurden. [...]

Uwe Hinrichs: Hab isch gesehen mein Kumpel. Wie die Migration die deutsche Sprache verändert hat. In: Der Spiegel 7/2012, S. 104. Zitiert nach: http://www.spiegel.de/spiegel/print/d-83977255.html (abgerufen am 08.01.2018).

1 Klären Sie, wie Uwe Hinrichs den Einfluss von Migration auf den Wandel von Sprachen bewertet.

BASISTEXT

Uwe Hinrichs: Hab isch gesehen mein Kumpel – Wie die Migration die deutsche Sprache verändert hat (Textausschnitt 2, 2012)

[...] Der deutsche Sprachraum ist seit je und von allen Seiten von fremden Sprachen und Kulturen umgeben. Trotzdem haben die Deutschen in der Nachkriegszeit und zur Zeit des Wirtschaftswunders vor allem die weiche Variante des Sprachenkontakts kennengelernt – nämlich gesteuert, kulturell abgefedert und ohne wirkliche soziale Konsequenzen: Man las englische Autoren, lernte in der Schule Französisch und Latein, reiste in den Ferien nach Ibiza und begegnete später allenfalls ein paar Gastarbeitern, die meistens nur gebrochen Deutsch sprachen.

Seit den siebziger Jahren jedoch erleben die Deutschen zum ersten Mal, wie es ist, wenn das Leben im eigenen Land wirklich tiefgreifend von fremden Menschen, Kulturen und Sprachen mitgeprägt und der Alltag auf eine unübersehbare Weise vielsprachig wird. [...]

Aber wie hat der alltägliche Kontakt mit dem Türkischen, Arabischen, Serbischen, Bosnischen, Russischen, Kurdischen, Italienischen oder Englischen das Deutsche verändert? In großen Städten wie Berlin gibt es nicht Dutzende von Nationalitäten, sondern Menschen aus fast 200 Staaten und sicher genauso viele Sprachen und Dialekte. Diese Tatsache soll nichts relativieren, sondern nur darauf verweisen, dass Vielsprachigkeit bereits als solche sprachverändernd wirkt, ganz unabhängig davon, welche Sprachen und Sprachtypen gesprochen werden. Zweitens: Es verändert sich vor allem das gesprochene Deutsch, also die Umgangssprache, weil die alltägliche Mehrsprachigkeit fast ausschließlich mündlich auftritt. Das offiziöse Schriftdeutsch ist träge und spiegelt von den neuesten Veränderungsprozessen nur wenig wider (allenfalls in spontanen Fehlern), und so vergrößert sich die Distanz zwischen geschriebenem und gesprochenem Deutsch rapide. Und drittens: Der ständige Kontakt mit neuen, exotischen Fremdsprachen ist letztlich nur ein Motor des Sprachwandels, wenn auch ein mächtiger. Es gibt noch andere Faktoren, die wir aber hier nur benennen können: den Einfluss des Englischen und die Globalisierung; das Schnelligkeitsgebot im TV- und Radio-Entertainment; neue Kommunikationsarten wie Twitter und Facebook; schließlich die überall anwachsende Mehrsprachigkeit unter dem Dach der EU und ihrer Sprachenpolitik.

[...] Wie also haben die jüngsten Sprachkontakte das Deutsche verändert?

Zunächst ist der Sprachwandel eine natürliche Sache, und es gibt keine Sprache, die sich nicht veränderte. Hier steht auch das Deutsche in einer langen Tradition, die jeder Germanistikstudent durchdeklinieren muss: Althochdeutsch, Mittelhochdeutsch et cetera. Der Punkt ist aber, dass das Deutsche seit einigen Jahrzehnten einen rasant beschleunigten Sprachwandel durchläuft, weil es unter dem Einfluss vieler anderer gesprochener Sprachen steht. Die Veränderungen sind kontaktinduziert und gehen deshalb um ein Vielfaches schneller vor sich, als es ohne Fremdspracheneinfluss der Fall wäre.

Das Erste, was eine Sprache verliert, ist das, was sie für einfache Kommunikationszwecke mit fremden Sprechern am allerwenigsten benötigt: Das sind die Fälle, die Endungen und die Regeln ihrer Verknüpfung. Was man nicht braucht, das schleift sich schnell ab. Seit Bastian Sicks Bestsellern weiß man, dass der Genitiv bereits einen aussichtslosen Kampf kämpft („das Haus von meinem Vater"). Aber auch Dativ und Akkusativ müssen Bastionen räumen. Konstruktionen wie „mit diesen Problem", „aus den Lager heraus"; „wer soll den neuen Kabinett angehören"; „wir haben hier ein Rest"; „ich mach dir kein Vorwurf" und so weiter kann man nicht nur überall hören – es wird zum Teil, auch in Examensarbeiten, schon so geschrieben, weil junge Leute oft gar nicht mehr wissen, wie es einmal korrekt lautete: „mit diesem Problem"; „aus dem Lager"; „wer soll dem neuen Kabinett angehören" und so weiter. [...]

Das mehrsprachige Milieu kann auf korrekte Deklination und genaue Endungen durchaus verzichten, weil diese Art Grammatik nur Kodierungsenergie frisst, die woanders viel dringender gebraucht wird, beispielsweise um Defizite im Wortschatz auszugleichen. Außerdem liefert die Situation meist genug Anhaltspunkte für das, was jeweils gemeint ist. Hinter dem, was Puristen als Verfall, ja Verlotterung anprangern, steckt nur die Strategie, die Sprachstrukturen zu vereinfachen, um das Kommunizieren mit Nichtmuttersprachlern zu erleichtern. Deshalb baut das Deutsche zurzeit viel Grammatik ab; und viele Schulkategorien wie Konjunktiv, Plusquamperfekt oder vollendetes Futur werden in naher Zukunft wahrscheinlich kaum noch gebraucht. [...]

Eine zweite Quelle für Sprachveränderungen liegt in den Herkunftssprachen der Migranten. Einwanderer greifen auch auf Sprachstrukturen zurück, die sie aus ihrer Muttersprache mitbringen. Diese werden ins Deutsche kopiert und im zweisprachigen Milieu gefestigt. Im großstädtischen Kiezdeutsch, das die Potsdamer Linguistin Heike Wiese erforscht, gibt es etwa eine Vielzahl von Satzmustern, die aus dem Arabischen oder Türkischen stammen, etwa die Wortfolge („Hab isch gesehen mein Kumpel gestern!") oder das Fehlen der Präposition („Ich geh Schule"). Auch in der Alltags-Umgangssprache kündigen sich bereits deutlich Tendenzen an, die von vielen Migrantensprachen gestützt werden: eine neue Steigerung mit „mehr" („mehr geeignet", „mehr zuständig") oder der Zusammenfall von Ort und Richtung („die Politiker fuhren letzte Woche auf einem Finanzgipfel") sind Beispiele für neue Strukturen, die ihre Vorbilder in vielen Migrantensprachen haben. Auch die zahlreichen neudeutschen Ausdrücke mit „machen" wie „einen Film machen", „ein Tor machen", „einen Kompromiss machen" haben direkte Parallelen im Türkischen.

In der heißen Phase des kontaktinduzierten Wandels der Sprachstrukturen kommt es nun dazu, dass die „Fehler" der Migranten allmählich von den deutschen Muttersprachlern nachgeahmt werden („foreigner talk") und es irgendwann nicht mehr auszumachen ist, wer nun gerade richtig- oder falschliegt; die Grenzen verschwimmen: Sprachkontakt führt immer zu Sprachvermischung und zu neuen Sprachstrukturen. Gleichzeitig lässt die Bereitschaft der Muttersprachler, die Fehler auch als Fehler wahrzunehmen und spontan zu korrigieren, mit der Zeit nach und verschwindet irgendwann ganz. Auf lange Sicht führt dieser Prozess zu einer neuen, stabileren Situation: Das gesprochene Deutsch wird dann geprägt von neuen Sprachstrukturen, die sich durch Sprachkontakt herausgebildet haben. Die Grammatik ist reduziert, der innere Zusammenhalt der Satzteile gelockert, viele Regeln sind vereinfacht oder lösen sich ganz auf, die Sprache wird einfacher (und wird hier vom Englischen unterstützt).

[...] Die Wissenschaften halten sich mit der Erforschung dieser Prozesse jedoch noch weitgehend zurück. Mit wenigen Ausnahmen: Die „Migrationslinguistik" am Mannheimer Institut für Deutsche Sprache untersucht das Deutsch von jungen Türken und Russen. Die Zurückhaltung der Linguistik ist die Folge einer verfehlten Migrationspolitik, schon seit den sechziger Jahren. Denn die Geisteswissenschaften arbeiten immer in einem Klima des öffentlichen Bewusstseins, das von der Politik erzeugt und von den Medien gesteuert wird: Trotz einer langen Integrationsgeschichte haben es die wechselnden Regierungen versäumt, eine Zukunftsvision der Gesellschaft zu entwerfen, die die Deutschen und die Migranten umfasst.

Wahrscheinlich fürchten besonders die Linguisten, dass sie, wenn sie den Einfluss der Migrantensprachen auf das Deutsche analysieren, schnell in eine Diskriminierungsfalle geraten könnten. Dies ist schade, denn gerade die Erforschung von Sprachkontakten böte die Gelegenheit, Deutsche und Migranten in Projekten zusammenzubringen und die Vision einer offenen Gesellschaft mit Leben zu füllen.

Uwe Hinrichs: Hab isch gesehen mein Kumpel. Wie die Migration die deutsche Sprache verändert hat. In: Der Spiegel 7/2012, S. 104. Zitiert nach: http://www.spiegel.de/spiegel/print/d-83977255.html (abgerufen am 08.01.2018).

2 Lesen Sie den Rest des Essays und geben Sie kurz wieder, inwiefern der Kontakt mit anderen Sprachen laut Hinrichs ein „Motor des Sprachwandels“ (Z. 19 f.) ist.

3 Veranschaulichen Sie den von Hinrichs beschriebenen Einfluss der Migration auf den Sprachwandel in einem Schaubild. Nutzen Sie Textbelege.

4 „Was man nicht braucht, das schleift sich schnell ab“ (Z. 32 f.). Erläutern Sie, welchen sprachlichen Wandlungsprozess Hinrichs hier umschreibt.

5 Ordnen Sie Hinrichs Aussage zur Angst der Sprachwissenschaftler vor einer „Diskriminierungsfalle“ (Z. 77) ein.

ÜBRIGENS ☆

Auch schulische Bildung beschleunigt Sprachwandel: Bis in die 1960er-Jahre galt das englische „th“ als Entlehnungsschranke, da es zu wenige Menschen halbwegs richtig aussprechen konnten. Dank schulischen Englischunterrichts stellt die Aussprache von „Thriller“ oder „positive thinking“ für viele Sprecherinnen und Sprecher nun kein Problem mehr dar.

D Die Digitalisierung unserer Kommunikation
Einflüsse der Medien auf den Sprachgebrauch erklären

E-MAIL

ey h[xxx] ich bins ja c[xxx] du weist nicht was gestern passiert ist ich war so mehringdann unten /
bei der u-bahn da war dann so ein alter mann er meinte das er kinogutscheine zuverschenken /
hat ich meinte ok hab die dann genommen ich habs dann im kino reserviert an dem tag /
dann f[xxx] s[xxx] s[xxx] und ich wir gehen ins kino der mann an der kasse sagt das die karten /
gefälscht sind wir so schockkk wallah war blamaje ja hahaha krasss eyy ahla alam ich war /
geschockt irgendwie wallah der spasst wenn ich ihn sehe /
ok h[xxx] schreib mir dann pass auf dich auf yallah bye c[xxx]

Die E-Mail stammt aus einem Textkorpus der Universität Potsdam. Der 17-jährige, türkischstämmige Proband wurde gebeten, über einen fiktiven Vorfall (falsche Kinokarten) in einer E-Mail einem Freund bzw. einer Freundin zu berichten. Die E-Mail wurde nicht versendet. Zitiert nach: https://publishup.uni-potsdam.de/opus4-ubp/frontdoor/deliver/index/docId/4712/file/isis14.pdf (abgerufen am 4.10.2017).

1 Beschreiben Sie sprachliche Besonderheiten der E-Mail.

2 Die E-Mail wurde schriftlich verfasst, aber wurde sie auch schriftlich konzipiert? Ordnen Sie sie entsprechend in das folgende Schema ein.

BASISTEXT

Christa Dürscheid: Konzeptionelle und mediale Mündlichkeit und Schriftlichkeit (2016)

	Konzeption: konzeptionell mündlich ⟷ konzeptionell schriftlich	
	konzeptionell mündlich	konzeptionell schriftlich
medial schriftlich	Grußkarte	Gesetzestext
medial mündlich	Gespräch mit Freunden	wissenschaftlicher Vortrag

abgeändert nach P. Koch/W. Oesterreicher. In: Christa Dürscheid: Einführung in die Schriftlinguistik. Göttingen: Vandenhoeck & Ruprecht, 2016, S. 46.

3 Entscheiden Sie, wie die folgenden Textsorten jeweils konzipiert sind, und ordnen Sie sie begründet in die Tabelle ein.

Wegauskunft | Abiturrede | privates Telefonat | Chat | Diplomarbeit | Urteilsbegründung (im Saal) | Tweet | Roman

	konzeptionell mündlich	konzeptionell schriftlich
medial schriftlich		
medial mündlich		

Der folgende Chat ist authentisch. „Schlobi22" hatte seinem Chatpartner, einem Studenten aus Wolfsburg mit dem Nickname SRabe12328, zuvor bereits mitgeteilt, dass er Professor in Hannover ist.

Schlobi22: naj, komme selbst aus berlin, da ist h auch ni ht das gelbe vom ei
SRabe12328: Das gibt es nicht . Ich bin in Steglitz geboren .
Schlobi22: irre! habe in tempelhof gewohnt, aber bbin in spandau gross geworden
SRabe12328: Wie groß?
Schlobi22: hast du in B studiert?
Schlobi22: Bis 22 in spandau
SRabe12328: Nee , nie . Es ist das erste Mal für mich .
Schlobi22: war an der fu, ganz schön, aber jetzt ist da tote hose
SRabe12328: Was machst Du denn ? Eher was künstlerisches ?
Schlobi22: bin mit dem 68er nach dahlem gefahren über den kreisel
SRabe12328: Toll !
Schlobi22: nein, sprachwissenschaft, grammatik und so
SRabe12328: Bald fertig ?
Schlobi22: womit fertig?
SRabe12328: Mit der Uni .
Schlobi22: bin doch prof, beamter auf lebenszeit
SRabe12328: Sag doch ma ehrlich . Ich verarsch dich schließlich auch nich .
Schlobi22: stimmtt!!!
Schlobi22: s. homepage
SRabe12328: Und Schweine können fliegen .
Schlobi22: Schlobi steht für Schlobinski
SRabe12328: Und ???
Schlobi22: SCHLOBINSKI, Uni Hannover
SRabe12328: Wenn das nicht stimmt , spreche ich kein Wort mehr mit Dir .
Schlobi22: warum???
Schlobi22: ist es eine schande, prof zu sein?
SRabe12328: Tagebücher ?
Schlobi22: Fachbücher
SRabe12328: Über Sprachen schätze ich
Schlobi22: genau
Schlobi22: Als Berliner: Hol dir das „Berliner wörterbuch"
SRabe12328: Jetzt lasse ich mal meine Freundin Maja an die Tasten .
Schlobi22: hi maja
SRabe12328: hi
Schlobi22: würde ich als studi chatten, dann könnte man sauer sein
SRabe12328: Hey wenn Du Prof bist zitiere mir mal ein satz aus Faust
Schlobi22: ich sitze hier als alter tor und bin so schlau als wie zuvor
SRabe12328: Cool
Schlobi22: megacool *GGG*

Peter Schlobinski: Sprache und Kommunikation im digitalen Zeitalter – Rede anlässlich der Verleihung des Konrad-Duden-Preises der Stadt Mannheim am 14. März 2012. Zitiert nach: https://www.mediensprache.net/de/essays/6/ (abgerufen am 21.09.2017).

4 Prüfen Sie, welche sprachlichen Merkmale digitaler Kommunikation in dem Chat auftauchen.

WISSEN

Sprachliche Merkmale digitaler Kommunikation

- Merkmale mündlicher Konzeption: Wortverkürzungen und -auslassungen, Parataxen, Umgangssprache, dialektale/regionale Färbungen, Ausrufe, sprachspielerische und lautmalerische Elemente
- Einbinden von Emoticons und Emojis als Ersatz für nonverbale Informationen
- Tendenz zu sprachlicher Verknappung: Kurzwörter, kurze Sätze, Halbsätze
- Gebrauch englischer Begriffe und Abkürzungen
- Tipp- und Rechtschreibfehler, Kleinschreibung, Verzicht auf Satzzeichen

5 Den Chat (S. 57) hat der Sprachwissenschaftler Peter Schlobinski in seine Rede zur „Sprache und Kommunikation im digitalen Zeitalter" als Anschauungsbeispiel eingefügt. Lesen Sie den folgenden Auszug aus der Rede und markieren Sie in Ergänzung zu Aufgabe 4 weitere Merkmale digitaler Kommunikation.

BASISTEXT

Peter Schlobinski: Sprache und Kommunikation im digitalen Zeitalter – Rede anlässlich der Verleihung des Konrad-Duden-Preises der Stadt Mannheim am 14. März 2012

[...] Meine Damen und Herren, in dem bemerkenswerten, ja genialen Aufsatz „Das Kunstwerk im Zeitalter seiner technischen Reproduzierbarkeit", den der Philosoph Walter Benjamin 1935 im Pariser Exil verfasst hat, heißt es: *„Innerhalb großer geschichtlicher Zeiträume verändert sich mit der gesamten Daseinsweise der menschlichen Kollektiva auch die Art und Weise ihrer Sinneswahrnehmung.* Die Art und Weise, in der die menschliche Sinneswahrnehmung sich organisiert – das Medium, in dem sie erfolgt –, ist nicht nur natürlich, sondern auch geschichtlich bedingt" (Benjamin 1977: 141). Mit der 2. Gutenberg-Revolution befinden wir uns im Anfang eines großen geschichtlichen Zeitraums, einer historischen Zäsur, in dem nicht nur unsere Sinneswahrnehmungen, sondern auch die Produktion und Reproduktion von Kommunikation und somit auch von Sprache sich neu organisieren. Zum gegenwärtigen Zeitpunkt tauchen wir immer tiefer ein ins Zeitalter der digitalisierten Netzwerk-Gesellschaft, die sich in den kommenden Jahren rasant verändern wird, viel stärker und dynamischer noch als seit dem gesellschaftlichen Durchbruch vor 15 Jahren.

[...] Chatkommunikation ist schriftbasierte Echtzeitkommunikation, eine spezifische Kommunikationsform, in der zwei oder mehr über das Internet verbundene Kommunikationspartner nahezu synchron in einem Chatroom oder auf einer Plattform mit Chatfunktion miteinander kommunizieren. Für den Leser erscheinen die Beiträge auf dem Bildschirm nacheinander; wenn viele Chatter miteinander kommunizieren, ist die Zuordnung der schnell aufeinander folgenden Beiträge nicht immer leicht. Alltagschats weisen eine Reihe von Charakteristica auf: 1. In der Regel wird von orthografischen Normen abgewichen. Es wird häufig kleingeschrieben und Großschreibung, sog. ‚Schreien', dient der Hervorhebung. Tippfehler sind nicht selten im Gegensatz zum Gebrauch der Kommata. 2. Auf der lexikalischen Ebene finden sich umgangssprachliche und Dialektwörter. Teilweise wird ganz im Dialekt geschrieben, wie Untersuchungen aus der Schweiz zeigen. 3. Satzstrukturen sind einfach, Ellipsen und Nominalkonstruktionen treten häufig auf. 4. Spezifische Abkürzungen wie *LOL (laughing out loud)* oder *g (grins)* werden gebraucht. 5. Bildzeichen wie der Smiley werden in den Text integriert. 6. Es finden sich Lautwörter, Gesprächspartikeln *(ähm)* und Inflektive *(seufz)*. 7. Es werden häufig Pseudonyme *(Snoopi)* statt der Klarnamen gebraucht.

[...] Was Linguisten unter dem Aspekt von Sprachvariation und -wandel sehen, wird in der Öffentlichkeit nicht selten als etwas sprachlich Defizitäres diskutiert. Sprachliche Abweichungen von welcher Norm auch immer, insbesondere Substandardorthografien, sind bis heute Gegenstand von Klagen für einen Sprachverfall. Anfang des Jahres fand eine heftige, öffentlich geführte Kontroverse um die „Fetzensprache" in Tweets und SMSen statt, ausgelöst durch ein dpa-Interview mit dem Vorsitzenden des deutschen Rechtschreibrates, Hans Zehetmair, demnach die „Fetzenliteratur" auf Twitter oder SMS die Sprachkompetenz ganzer Generationen gefährde. Mit „Fetzenliteratur" ist vermutlich so etwas gemeint wie folgende authentische SMS: „KANN I KURZ B DIR VORBEIKOMMEN? BIN JETZT AM AEGI U STEIG HIER I D NÄCHSTE BAHN" (Schlobinski et al. 2001: 17) oder folgender Tweet: „tazkongress denkt mit: tolle hüpfburg, zuschauen ist bereits anstrengend #tazkongress" (Schlobinski/Siever 2012). Beim Simsen und Twittern handelt es sich um ganz besondere Kommunikationsformen, die durch Kürze – maximal 160 bzw. 140 Zeichen – gekennzeichnet sind. Es sind Kurzmitteilungen, um sich zu verabreden, hallo ›zu sagen‹, etwas prägnant und knapp zu berichten usw. Entsprechend einfach und teilweise reduziert sind die Textbotschaften. Die sprachlichen Formen sind an die zur Verfügung stehende Zeichenzahl angepasst, sprachlich optimiert. Dass User auch ganz anders schreiben, zeigt sich z. B. in Blogs. Dort finden sich Onlinetagebücher, die sprachlich reich und komplex ausgestaltet sind, auf die potenzielle Leserschaft zugeschnitten. Jugendliche treten in die Fußstapfen von Autoren, so in der sog. Fan-Fiction, wenn sie Harry-Potter-Bücher oder Fernsehserien fortschreiben. Wir finden im digitalen Raum sehr unterschiedliche Kommunikationsformen und Textwelten, und die digitale Welt ist sprachlich ebenso bunt und vielschichtig wie die reale. Es lohnt sich genau hinzuschauen, nicht zuletzt deshalb, um Vorurteilen nicht aufzusitzen und Pauschalurteilen eine differenzierte Meinung entgegensetzen zu können.

Meine Damen und Herren, [...] [l]assen Sie mich zum Abschluss vier Punkte ansprechen, die gegenwärtige Forschungsfragen betreffen und die uns auch in Hannover beschäftigen.

1. Die Produktion und Rezeption von Texten verändert sich durch die neuen Technologien. Allein der Bildschirm als Visualisierungsfläche und die Hypertextstruktur haben den Aufbau klassischer Informationsstrukturen, wie wir sie z. B. vom Buch her kennen, verändert. Damit verbunden ist eine Hinwendung zu bildlichen Zeichensystemen. Mein Kollege aus Hannover, Klaus Bayer, hat dies vor über zehn Jahren so formuliert: „Spätestens die multimedialen Texte der neuen Medien und des Internet werden zu einer Neudefinition der Funktionen von Schrift und Bild führen: Es ist denkbar, dass in der Mehrheit der informierenden Texte die – auch zukünftig keineswegs überflüssige! – Schrift überwiegend der Darstellung von Vorgängen dienen wird, während Objekte und Verhältnisse in der Welt überwiegend durch Grafiken und Bilder dargestellt werden“ (Bayer 2000: 20). Ein schönes Beispiel hierfür findet sich auf der Webseite von „Pinterest“, einer 2011 gegründeten Social-Media-Plattform, die vom TIME-Magazine letztes Jahr zu den „besten 50 Websites“ gewählt wurde. Die Bedeutung von Schrift und Text in Relation zur bildlichen Information wird uns nicht nur in der Forschung nachhaltig beschäftigen.

2. In zunehmenden Maße hält das gesprochene Wort Einzug in die Welt der digitalen Kommunikation. Dies betrifft nicht nur das Telefonieren über das Internet oder das Voice-Blogging, sondern Spracherkennungs- und Sprachsyntheseprogramme spielen eine immer stärkere Rolle, die bezogen auf die Umsetzung in Text zu einer Restandardisierungstendenz in der Schriftsprache führen können.

3. Sprachfähige Dialogsysteme, sog. Chatbots, werden auf Firmenseiten zunehmend als Assistenten bei Anfragen oder als Navigationshilfe eingesetzt. Aber auch als Tutoren beim E-Learning oder als psychologischer Ratgeber sind Chatbots erfolgreich. Die Kommunikationsfähigkeit dieser Programme zu verbessern, aber auch das Userverhalten zu untersuchen, sind Aufgaben an der Schnittstelle von Linguistik und Informatik.

4. Ein weiterer Punkt, der auch mit dem Begriff Web 3.0 verbunden ist, ist die Erweiterung des World Wide Web zum „Semantischen Web“, einem Netz, in dem die Bedeutung von Informationen z. B. für die Informationssuche nutzbar gemacht wird. Welche strukturellen, semantischen und kontextuellen Beziehungen zwischen Informationseinheiten bestehen und wie diese für Metainformationen verwertet werden können, dies ist eine spannende und noch mit vielen Fragezeichen versehene Frage. [...]

Peter Schlobinski: Sprache und Kommunikation im digitalen Zeitalter – Rede anlässlich der Verleihung des Konrad-Duden-Preises der Stadt Mannheim am 14. März 2012. Zitiert nach: https://www.mediensprache.net/de/essays/6/ (abgerufen am 21.09.2017).

6 Klären Sie, welche historische Bedeutung Schlobinski den veränderten Sprachgebrauchsbedingungen durch digitale Medien zuspricht.

7 Peter Schlobinski bezieht in seiner Rede Stellung gegenüber den Kritikern der „Netzsprache“.

a) Fassen Sie zusammen, welche Position Schlobinski in der Diskussion um den Sprachverfall durch digitale Medien einnimmt und wie er diese argumentativ unterstützt.

b) Bewerten Sie ausgehend von Schlobinskis Position den Einfluss digitaler Medien auf die Sprache. Sehen Sie darin einen Verfall oder im Gegenteil eine Erweiterung Ihrer Sprachfähigkeiten?

8 **PLUS** Nehmen Sie eine der vier von Schlobinski aufgezeigten Forschungsfelder zum Anlass für eine eigene Recherche und schriftliche Auseinandersetzung zu dem Einfluss digitaler Kommunikationsmedien auf unsere Sprache.

Mein Wissen sichern und anwenden

13:53 Tussi	Ich jetzt geh spurlos[1].
13:54 Sara	Bin schon da!
13:53 Tussi	Ich jetzt geh spurlos.
13:59 Roman	Dann wir auch gleich

1:20 Sara	At home and awake?
2:23 Jürgen	SO UM 3,WENN DAS OK ISS

Jannis Androutsopoulos/Gurly Schmidt: SMS-Kommunikation. Ethnografische Gattungsanalyse am Beispiel einer Kleingruppe. Zitiert nach: http://www.ids-mannheim.de/prag/sprachvariation/tp/tp7/SMS-Kommunikation.pdf (abgerufen am 08.01.2018).

1 Charakterisieren Sie die Sprache der Kurznachrichten. Erklären Sie, welche Veränderungstendenzen der deutschen Sprache sich daran diskutieren lassen.

Anna Stephan-Odenthal: Anglizismen – Sprachwandel oder Sprachverfall? 04.10.2012

Die deutsche Sprache hat sich, vor allem bei Jugendlichen, in den letzten Jahrzehnten immer wieder verändert. Diese Tatsache kann niemand leugnen. Nun lässt sich aber darüber streiten, ob man diese Veränderung als Sprachwandel oder eher als Sprachverfall bezeichnen sollte.

Das Thema „Sprachursprung, Sprachtheorie und Sprachwandel" ist für den kommenden Abiturjahrgang im Fach Deutsch sogar abiturrelevant. Darum habe auch ich mich in meinem Deutschkurs damit befasst. Ich hätte wetten können, dass gerade die älteren Sprachwissenschaftler etwas gegen die „neue" Sprache der Jugendlichen haben. Doch falsch gedacht. Einige von ihnen erkennen die Sprache der Jugend als etwas Neues, Kreatives, das nicht negativ belastet ist. Von vielen Seiten kritisiert wird auch, dass die deutsche Sprache immer mehr von Anglizismen und anderen fremdsprachigen Wörtern dominiert wird. Auch dort gibt es geteilte Meinungen. Da Englisch zu den international am meisten gesprochenen Sprachen zählt, ist es eben einfacher, englische Wörter auch in der deutschen Sprache zu verwenden. So weiß jeder, was gemeint ist. Aber verfremden wir unsere eigene Sprache dadurch nicht?

Die deutsche Sprache umfasst geschätzte 300 000 bis 500 000 Wörter. Man sollte also eigentlich davon ausgehen, dass neben anderssprachigen Wörtern noch genügend deutsche übrig bleiben. Und trotzdem: Kampf den Anglizismen. Ich finde es gar nicht so schlecht, dass wir inzwischen viele englische Wörter übernommen haben. „Laptop" hört sich besser an als „Klapprechner". Genauso wie „Handy" anstatt „Mobiltelefon". Wobei „Handy" auch nur als Ersatz für „mobile phone" gebraucht wird.

Gerade heute, in der „Generation Internet", werden vor allem englische Wörter immer wichtiger. So heißt es bei facebook auch, dass man etwas „liket" (dass jemandem etwas gefällt, von: to like). Das Internet wird fast ausschließlich von der englischen Sprache beherrscht. Auch in der Wirtschaft wird fast nur Englisch gesprochen. Wie soll man sich auch verständigen, wenn man international tätig ist? Die englische Sprache ist für die allermeisten die einfachste und beste Lösung.

Nun ist es verständlich, dass die älteren Generationen häufig nicht viel damit anfangen können und sie die deutsche Sprache vor fremden Einflüssen bewahren wollen. Meiner Meinung nach muss man den Einfluss anderer Sprachen, und vor allem der englischen, als eine Art Chance verstehen. Eine Chance, um an den Geschehnissen der Welt, genau wie andere Länder auch, teilhaben zu können und dabei fast alles fast mühelos zu verstehen. Ich finde das spannend und beeindruckend. Heutzutage muss man die Wichtigkeit der englischen Sprache einfach erkennen und akzeptieren. Dies ist eine Tatsache, die man schlichtweg nicht mehr ändern kann – und die meiner Meinung nach auch nicht verändert werden muss.

Anna Stephan-Odenthal: Anglizismen – Sprachwandel oder Sprachverfall. Zitiert nach: Leverkusener Anzeiger ©2018 https://www.ksta.de/3968060 (abgerufen am 07.02.2018).

2 Anna Stephan-Odenthal stand kurz vor ihrem Abitur, als ihr Kommentar im Leverkusener Anzeiger veröffentlicht wurde. Erörtern Sie ihre Argumentation zum Gebrauch von Anglizismen auf der Grundlage Ihrer in diesem Kapitel erworbenen Kenntnisse.

1 „spurlos" ist der Name eines Cafés.

Schreibtraining

Materialgestütztes Schreiben

Bei dieser Aufgabenart verfassen Sie auf der Grundlage mehrerer Materialien einen eigenen Text zu einem vorgegebenen Thema oder einer strittigen Fragestellung. Mit Ihrem Zieltext sollen Sie eine konkret benannte Absicht verfolgen, z. B. jemanden informieren, etwas erklären oder für oder gegen etwas argumentieren. Die nötigen Informationen müssen Sie den Materialien entnehmen, durch eigenes Wissen ergänzen, ordnen und in einem zusammenhängenden Text wiedergeben. Für das Schreiben sollten Sie genügend Zeit einplanen und daran denken, die Merkmale der Textsorte zu erfüllen und die Adressaten im Blick zu haben. Sie können am besten so vorgehen:

1. Schritt

Aufgabenstellung erfassen

- Thema und Teilthemen bzw. strittige Fragestellung des Zieltextes klären
- Anforderungen an den Zieltext erkennen: Absicht, Form, Adressaten

2. Schritt

Materialien auswerten

- Überblick über den Inhalt der Materialien verschaffen
- Textsorte, Autor(in), Titel und Quelle für alle Texte erfassen und einordnen
- alle für die Aufgabenbearbeitung relevanten Informationen und Aussagen der Materialien festhalten

3. Schritt

Informationen organisieren

- eigenes Wissen zum Thema und zu relevanten Aussagen der Materialien ergänzen
- Bezüge zwischen den einzelnen Aussagen der Materialien herstellen
- Anforderungen an den Zieltext bewusst machen (Schritt 1)
- gegebenenfalls die eigene Position zur strittigen Fragestellung formulieren und in Bezug zu Aussagen der Materialien setzen
- Gedanken, Textaussagen oder Zitate für Einleitung und Schluss festhalten

4. Schritt

Gliederung erstellen

- **Einleitung:**
  - Einstieg in das Thema formulieren, etwa durch Zitat, Anekdote, Fallbeispiel, aktuelle Zusammenhänge, offene Fragestellung
  - Thema und Teilthemen benennen oder Streifrage formulieren
- **Hauptteil:**
  - Reihenfolge der Teilthemen festlegen (große Teilthemen bei Bedarf weiter untergliedern) oder Argumente der Aufgabenstellung entsprechend anordnen
  - auf alle Materialien mindestens einmal Bezug nehmen
- **Schluss:**
  - Zusammenfassung mit Bezug zur Einleitung, etwa durch Wiederaufnahme des Zitats, der Anekdote, des Fallbeispiels, der aktuellen Zusammenhänge oder der offenen Fragestellung
  - persönliche Einschätzung möglich

5. Schritt

Klausur schreiben

- Anforderung der Zieltextsorte erfüllen und für Adressaten schreiben
- Informationen knapp und übersichtlich darstellen
- auf Materialien verweisen und Zitate korrekt einbauen
- roten Faden einhalten: gedankliche Zusammenhänge, sprachliche Verknüpfungen

6. Schritt

Klausur überarbeiten

- in drei gesonderten Durchgängen prüfen:
  - sachliche Richtigkeit
  - Einhaltung des roten Fadens
  - sprachliche Richtigkeit

AUFGABENSTELLUNG

Ausgangssituation

An Ihrer Schule ist es Tradition, dass die Kurse der Oberstufe abwechselnd Ausstellungen im Eingangsbereich des Schulgebäudes gestalten. Im Deutschkurs haben Sie sich gemeinschaftlich auf das Thema „Unsere Sprache(n)“ geeinigt. Jedes Kursmitglied kann zu einem Teilthema seiner Wahl eine kleine Präsentation zusammenstellen. Sie planen eine Präsentation zum Thema „Zwischen Zweit- und Fremdsprache – Migration und Mehrsprachigkeit in Deutschland“, welche neben einem informierenden Text auch Anschauungsmaterial enthalten soll.

Schreibauftrag

Verfassen Sie auf der Grundlage der Materialien 1 bis 7 und eigener fachlicher Kenntnisse den Text für die Präsentation, indem Sie

- das Thema und seine Bedeutung einführend darstellen,
- Daten und Fakten zur jüngeren Migrationsgeschichte in Deutschland benennen,
- Phänomene von Mehrsprachigkeit an Beispielen erläutern,
- Herausforderungen und Chancen mehrsprachiger LernerInnen des Deutschen beschreiben.

Im Grundkurs sollte der Text mindestens zwei gedruckte DIN-A4-Seiten, also etwa fünf Spalten auf Klausurbögen, im Leistungskurs mindestens drei gedruckte DIN-A4-Seiten, also etwa sieben bis acht Spalten auf Klausurbögen, umfassen.

Material 1

Rainer Geißler: Migration und Integration (2014)

Deutschland befindet sich seit dem Anwerbevertrag mit Italien im Jahr 1955 auf dem Weg zu einem modernen Einwanderungsland. Migrantinnen und Migranten sowie ihre Nachkommen sind zu einem wichtigen Teil der deutschen Sozialstruktur geworden. Ihre Zahl wird weiter zunehmen, und Deutschland steht vor der Aufgabe, ihre Teilhabe am gesellschaftlichen Leben zu ermöglichen.

Die Entwicklung zur multiethnischen Gesellschaft
(1961-2011, Ausländer in Millionen)

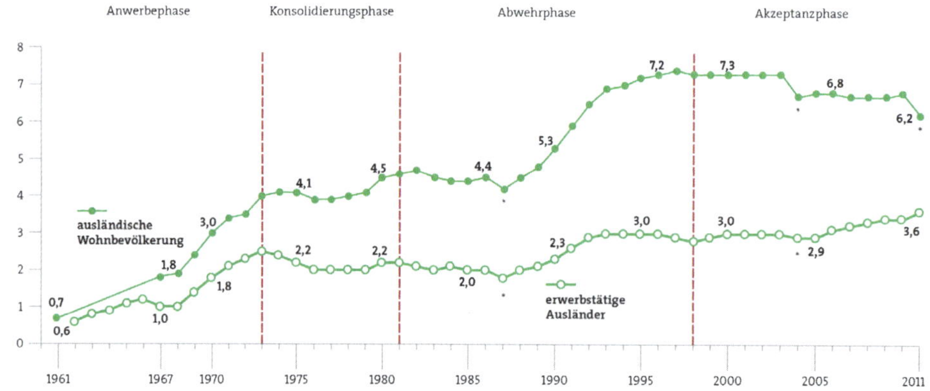

(bis 1990 früheres Bundesgebiet, ab 1991 vereintes Deutschland; 1961, 1987 und 2011 Volkszählungen)
* Die Rückgänge 1987, 2004 und 2011 sind keine realen Rückgänge, sondern statistische Kunstprodukte durch die Korrekturen der überhöhten Zahlen des Ausländerzentralregisters (AZR).
Eigene Grafik nach Daten bei Lederer 1997 (1961-1989); Statistisches Bundesamt (1990-2010); Zensus 2011

Informationen zur politischen Bildung 324/2014: „Sozialer Wandel in Deutschland“, S. 40, ©Bundeszentrale für politische Bildung
www.bpb.de/izpb/198020/migration-und-integration?p=all

In den letzten 50 Jahren sind Migrantinnen und Migranten zu einem wichtigen Bestandteil der deutschen Sozialstruktur geworden. 1960 lebten erst knapp 700 000 Ausländer in der Bundesrepublik, wie die Menschen mit ausländischer Staatsbürgerschaft im Folgenden genannt werden. Dazu kamen noch knapp 400 000 deutschstämmige Aussiedler aus der damaligen Sowjetunion und anderen Ländern Ost- und Südosteuropas. Beide Gruppen zusammen machten nur etwa 2 Prozent der bundesdeutschen Bevölkerung aus. Nach der letzten Volkszählung, dem Zensus 2011, leben in Deutschland knapp 6 Millionen Ausländer und weitere 9 Millionen „Deutsche mit Migrationshintergrund“, wie sie in den offiziellen Statistiken heißen. Dazu gehören (Spät-)Aussiedler, eingebürgerte ehemalige Ausländer sowie in Deutschland geborene Deut-

sche mit mindestens einem Elternteil, der zugewandert oder in Deutschland als Ausländer geboren ist. Heute stellen die Migrantinnen und Migranten, wie die 15 Millionen Personen mit Migrationshintergrund hier der Einfachheit halber genannt werden, 19 Prozent der Bevölkerung Deutschlands. Das multiethnische Segment der deutschen Sozialstruktur hat sich also seit 1960 fast verzehnfacht, und es ist absehbar, dass es sich in den beiden kommenden Jahrzehnten weiter vergrößern wird.
Die Migrantinnen und Migranten sind nicht gleichmäßig auf Deutschland verteilt, sondern konzentrieren sich auf die alten Bundesländer und dort wiederum auf Großstädte und industrielle Ballungszentren. In den neuen Ländern (ohne Berlin) lebten 2011 nur knapp 500 000 der 15 Millionen Menschen mit Migrationshintergrund (knapp 4 Prozent der Wohnbevölkerung) im Vergleich zu 13,7 Millionen (21,4 Prozent der Wohnbevölkerung) in Westdeutschland (ohne Berlin). Ostdeutschland ist eine weitgehend monoethnische Gesellschaft geblieben. Hohe Migrantenanteile wiesen im Jahr 2007 Frankfurt am Main (42 Prozent), Augsburg (40 Prozent), Nürnberg (38 Prozent) und Stuttgart (37 Prozent) auf. Von den Kindern unter sechs Jahren hatte in diesen vier Städten bereits eine deutliche Mehrheit von 57 bis 68 Prozent mindestens einen Elternteil mit Migrationshintergrund.
Der wachsende Anteil der Migranten ist keine Besonderheit der deutschen Sozialstruktur. Auch in vielen anderen europäischen Gesellschaften – selbst in den ehemaligen Auswanderungsländern Portugal, Spanien und Italien – hat die Zahl der Zuwanderer in den letzten Jahrzehnten zugenommen. [...]
Rainer Geißler ist Soziologe an der Universität Siegen.

Rainer Geißler: Migration und Integration. In: Sozialer Wandel in Deutschland. Informationen zur politischen Bildung (Heft 324/2014), S. 40 ff. Zitiert nach: http://www.bpb.de/izpb/198020/migration-und-integration?p=all (abgerufen am 16.01.2018).

Material 2

Infografik: Menschen mit Migrationshintergrund (2014)

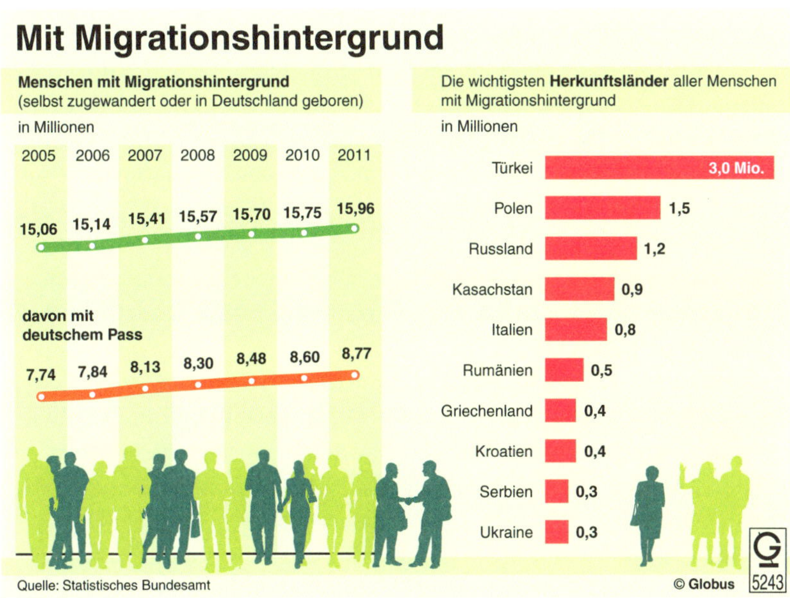

Picture-Alliance (dpa-Infografik), Frankfurt

Material 3

Nina Aleric: Das Beste aus allen Welten (2011)

Code-Switching, die alltägliche Praxis mehrsprachig lebender Menschen, verschiedene Sprachen miteinander zu vermischen, ist eine Kompetenz, kein Unvermögen.

Ob wir wollen oder nicht, so versuchen wir doch ständig, Menschen zu kategorisieren, sie einzuordnen. Das ist ganz natürlich: Es hilft dabei, herauszufinden, wie wir mit ihnen umgehen sollen. Zum Beispiel treffen wir auf einen Menschen, der eine Fremdsprache spricht, und erwischen uns schnell dabei, wie wir ihm die jeweilige nationale Identität zuweisen oder ihn schlicht als Ausländer einordnen. Auch einen Jugendlichen, der sich eines umgangssprachlichen Ethnolekts bedient, ordnen wir oft schnell als Angehöriger einer bestimmten sozialen Schicht ein. Na, und wenn jemand im bayerischen Dialekt spricht, dann muss derjenige doch Bayer sein! Oder etwa nicht?
Aber was ist nun mit all jenen Menschen in Deutschland, die sich zwei Kulturen zugehörig fühlen, die zwei soziale Attitüden haben, die zwei Sprachen als ihre Muttersprache bezeichnen? Diese Menschen haben eine

komplexe, gemischte (hybride) Identität, die nicht so leicht zu kategorisieren ist. Man kann sie am spontanen Sprachwechsel erkennen, am so genannten Code-Switching.
Aber nicht nur die Sprache ist ausschlaggebend für die Kommunikation, auch die nonverbalen Informationen, die mitgeliefert werden, zählen. Zu diesen gehören die Gestikulation, das Sprechtempo, die Lautstärke und die Betonung, die Intonation. Wenn jemand also während des Sprechens in eine andere Sprache wechselt, ist es sehr spannend zu beobachten, inwieweit sich diese Richtwerte mit verändern.
Code-Switching kann auf verschiedenen Ebenen stattfinden. Der Normalfall ist es, wenn der Sprachwechsel stattfindet, sobald die Bezugsperson wechselt. Ein Satz wie „Pravim Hörnchen [Ich backe Hörnchen, pravim bedeutet ‚ich mache' auf Bosnisch]" aber ist Code-Switching auf Satzebene. Letztlich kann ein Sprachwechsel aber sogar innerhalb eines Wortes stattfinden.
Während die Schwestern mal deutsch und mal miteinander bosnisch sprechen, bleibt die Art ihres Erzählens typisch bosnisch. Es ist eine gestisch sehr lebhafte Art, die Dinge zu beschreiben: Sobald Eldisa einen komplexen Sachverhalt erklärt, beschreibt sie mit der Hand eine kreisförmige Bewegung. Und wenn Ermana von einem kurzen Rock erzählt, stellt sie ihn auch gestisch direkt dar. Eldisa, 16 Jahre alt, wurde in Deutschland geboren, ihre Eltern kommen aus Bosnien. „Gehenit [das deutsche Verb ‚gehen' mit der bosnischen Endung -it] sagen wir manchmal", sagt sie, „oder auch schmeckat [der deutsche Verbstamm ‚schmeck' mit der bosnischen Endung -at], weil es dafür irgendwie keinen guten Ausdruck auf Bosnisch gibt. Und wenn das Essen gut ist, dann sagen wir: Schmecka dobro!" Eldisa und ihre ein Jahr jüngere Schwester Ermana kennen das Phänomen des Code-Switching sehr gut: „Zu Hause, wenn wir mit unseren Eltern sprechen, wechseln wir oft hin und her", sagt Ermana.
„Dass der Sprachmix von Sprachwissenschaftlern als Unvermögen angesehen wurde, geht in die 1950er-, 1960er-Jahre zurück, das gab es bei den ersten Forschungen zu Bilingualität", erklärt der Sprachwissenschaftler Prof. Dr. Jannis Androutsopoulos. „Heute gibt es vielleicht noch ein Paar unaufgeklärte Nischen in der Bevölkerung, in denen der Sprachmix kritisch wahrgenommen wird. In der Wissenschaft wird Mehrsprachigkeit und das Code-Switching aber überall als Kompetenz angesehen."
Zwar gibt es Situationen, in denen bilinguale Sprecher, während sie die eine Sprache nutzen, sich mit Wörtern aus einer anderen behelfen müssen. Das ist aber nicht der Regelfall. Meist wird das Code-Switching in der Kommunikation zweisprachiger Sprecher funktional eingesetzt.
Miran, ein 23-jähriger Bauingenieurstudent aus Hannover, wurde in Bosnien geboren. Seit nunmehr 19 Jahren lebt er in Deutschland. Mit seinem serbischen Freund Nebojsa spricht er meist bosnisch. Wären die beiden nun auf dem Campus und wollten einen Deutschen in das Gespräch einbinden, dann würden sie ohne Nachdenken ins Deutsche wechseln. Andererseits würden sie beim Bosnischen bleiben, wenn sie diesen lieber ausgrenzen wollten. Wenn Miran einen Professor zitiert, dann würde er das Zitat wohl auf Deutsch belassen – obwohl er eigentlich gerade bosnisch spricht.
Im Gespräch mit einem Mädchen, das nur Deutsch spricht, könnten Miran und Nebojsa das Bosnische auch als Geheimcode nutzen, um sich abzusprechen, was sie dem Mädchen erzählen wollen. In all diesen Situationen würde das Code-Switching für die Jungs eine Funktion erfüllen und damit ihre Sprachkompetenz widerspiegeln. Miran findet es aber überflüssig, mit dem Sprachwechsel auf seine nationale Identität hinzuweisen: „Es ist doch primitiv, wenn jemand nur in eine andere Sprache wechselt, um seine Identität nach außen zu kehren. Ich sehe das so: Ich muss es nicht zwingend zeigen, aber verstecken würde ich mich auch nicht. Wenn zum Beispiel meine Mutter anruft, während ich in einer Gruppe von Leuten bin, die kein Bosnisch können, spreche ich mit ihr trotzdem auf Bosnisch. Aber ich gestikuliere dann nicht so wild und rede nicht so laut, wie das bei uns sonst üblich ist."
Unbewusst passt er also sein Verhalten der für ihn als deutsch empfundenen Verhaltensweise an. So vermischen sich die nonverbale Kommunikation der einen Kultur mit der Sprache der anderen Kultur zu einem Hybrid, der perfekt widerspiegelt, dass Miran zwei Kulturen gleichermaßen angehört.
Code-Switching ist aber nicht nur Menschen, die mehrere Sprachen sprechen, vorbehalten, sondern kann ganz ähnlich innerhalb nur einer Sprache stattfinden. Im Deutschen gibt es neben dem Standarddeutschen eine gehobene Sprache (die so genannte „Supernorm"), die Umgangssprache, zig Dialekte, Jugendsprachen, Szenesprachen und Fachjargons. All das sind Varietäten, zwischen denen wir täglich hin und her wechseln – je nachdem, mit wem wir kommunizieren, welcher Gruppe oder Szene wir uns zugehörig fühlen oder auch welche Situationen wir bewältigen müssen.
Auch in diesem Bereich hat Miran seine Erfahrungen gesammelt. Er schildert auf Bosnisch immer lauter werdend eine Situation im Mathematikunterricht an der Uni: „Ich habe mit einem Indonesier eine Aufgabe diskutiert. Er spricht gebrochenes Deutsch, und ich habe das auch irgendwann gemacht. Ich habe dann Sachen gesagt wie ‚Nicht so, du nicht verstehen'." Dabei spielt er auch gestisch nach, wie das dann aussah.

„Aber wenn ich mit dem Professor spreche, dann natürlich auf Hochdeutsch. Das andere macht nur mehr Spaß“, fügt er mit einem Grinsen hinzu.
In seiner Freizeit rappt Miran unter seinem Künstlernamen Hotsno. Allerdings selten auf Deutsch, sondern meist auf Bosnisch. Auch seine Rapper-Identität ist ein Hybrid: „In Bosnien sagt man mir nach, ich hätte die Attitüde und den Flow eines deutschen Rappers. Naja, ich mag eben gern Gangsterrap. Und der ist in Bosnien nicht so gängig wie hier.“
Nina Aleric ist Soziolinguistin und arbeitet als freie Journalistin und Jugendbetreuerin in Berlin.

Nina Aleric: Das Beste aus allen Welten. In: fluter. Magazin der Bundeszentrale für politische Bildung. Zitiert nach: http://www.fluter.de/das-beste-aus-allen-welten (abgerufen am 16.01.2018).

Material 4

Doris Näger: Deutsche Türken, 3. Generation: „Die Deutschen kennen uns nicht wirklich gut“ (2010)

Zum Gespräch treffen sich die drei Jugendlichen im türkischen Reisebüro Sen in der Schwanthalerstraße: Yasin Sen, 19, Sohn der Besitzerin, ist hier in der Ausbildung zum Bürokaufmann. Kaya Öztürk, 17, ist Schüler auf der Wirtschafts-Fachoberschule und macht hier ein Praktikum. Aslihan Findik, 23, arbeitet in einer Werbeagentur und ist die Tochter der besten Freundin von Yasins Mutter.

Doris Jäger: Fühlen Sie sich eher deutsch oder eher türkisch?
Aslihan: Ich bin total im Zwiespalt. Ich bin an Deutschland gebunden, aber auch an die Türkei, weil ich in Istanbul von der sechsten bis zur neunten Klasse in die Schule gegangen bin. Ich überlege, ob ich wieder zurückgehe. Aber ich komme nicht von Deutschland los.
[...] **Jäger**: Woher kommen Ihre Freunde?
Yasin: Ich habe mehr türkische als deutsche Freunde, aber ich komme mit Deutschen aus und lerne auch immer mehr von ihnen kennen.
Jäger: Ist Ihre Herkunft dabei relevant?
Yasin: Schon, aber wir machen dann eher Witze.
Jäger: Imitieren Sie diese Erkan & Stefan-Sprache?
Yasin: Ja, ab und zu schon: Ey, was geht ab? Aber nur zum Spaß. Ich rede normalerweise nicht so.
Jäger: Kaya, was ist mit Ihren Freunden?
Kaya: Ich habe ein bisschen mehr deutsche als türkische Freunde. Als ich in Unterhaching Fußball gespielt habe, hatte ich mehr deutsche, als ich dann nach Neuperlach kam, mehr türkische.
Aslihan: Ich habe überwiegend türkische, aber auch viele italienische und griechische Freunde. Das hängt auch mit der Familie zusammen: Ich bin länger mit den Leuten befreundet, die auch meine Familie kennen, zum Beispiel ist Yasins Schwester meine beste Freundin.
Jäger: In welcher Sprache sprechen Sie mit Ihren Freunden?
Aslihan: Unter Türken sprechen wir gemischt. Reden türkisch, brechen mitten im Satz ab, reden deutsch weiter.
Yasin: Es kommt auch drauf an, was man redet.
Jäger: Tatsächlich?
Yasin: Türkisch ist witziger als das Deutsche. Das sieht man an den Kinofilmen. Wenn ein Deutscher das anschauen würde, dann würde er nie darüber lachen, aber ein Türke lacht halt darüber. Der Humor ist ganz anders.
Jäger: Fragen Ihre deutschen Freunde nach Ihrer Herkunft?
Aslihan: Auf der Berufsschule kam es denen komisch vor, dass ich normal deutsch spreche ohne „Alter!“ oder „krass“. Die haben gedacht, in Istanbul gibt‘s nur Kopftücher und sonst nix. Ich glaube, die Deutschen kennen uns nicht wirklich gut. Wobei – wenn man die Türken hier betrachtet, sind die ganz anders als die Leute in der Türkei. Ich würde mal sagen – das soll aber nicht hart klingen –, die sind hier ein bisschen zurückgeblieben.
Yasin: Das ist nicht hart, das ist so. Die sind alle aus dem Osten der Türkei gekommen, aus den Dörfern. Die haben versucht, jede Tradition, die sie dort hatten, hier aufrechtzuerhalten.
Jäger: Aslihan, Sie haben einen türkischen Freund. Gibt es dafür einen speziellen Grund?
Aslihan: Ich hatte noch keinen deutschen Freund. Ich hätte kein Problem damit, aber ich weiß nicht, woran das liegt. Mir ist es wichtig, mit meinem Partner türkisch sprechen zu können. Es gibt zum Beispiel ein Wort, askim (gesprochen aschkim), das heißt so viel wie „meine Liebe“. Wenn man das auf Deutsch sagt, klingt es nicht so gut. Da empfinde ich nicht dasselbe, wie wenn ich askim sage. [...]

Deutsche Türken, 3. Generation: „Die deutschen kennen uns nicht wirklich gut“ – Ein Interview von Doris Näger. Zitiert nach: http://www.sueddeutsche.de/muenchen/deutsche-tuerken-generation-die-deutschen-kennen-uns-nicht-wirklich-gut-1.736269 (abgerufen am 16.01.2018).

Material 5

Sara Geisler: Wer kann schon Deutschvokabeln lernen, wenn der Kopf voller Bilder [...] ist? (2016)

Elina schweift ab. Eigentlich sollte sie sich auf die Buchstaben konzentrieren, die ihr Lehrer an die Tafel schreibt, auf die vielen deutschen Wörter, die ihr noch fremd sind, und auf all die anderen Dinge, die man als Teenager eben so zu lernen hat. In Elinas Kopf aber geht etwas ganz anderes vor. In Elinas Kopf ist Krieg. Das heute 15-jährige Mädchen ist mit seiner Mutter aus Tschetschenien geflohen, erst nach Inguschetien und später über die Ukraine und Polen nach Deutschland. Doch auch wenn sie nun sicher ist, hören die Gewaltszenen in Elinas Kopf nicht auf. Sie sieht, wie der Hof ihrer Großeltern bombardiert wird, wie Milizen die gesamte Nachbarsfamilie auslöschen und, am schlimmsten: wie ihr Vater von einer Granate getötet wird – immer und immer wieder. Elina hat ein Trauma, genauer gesagt eine posttraumatische Belastungsstörung, die sie nicht nur daran hindert, sich zu konzentrieren, sondern auch daran, endlich in Deutschland anzukommen.

Elina könnte auch Ahmed, Firat oder Shirin heißen. Ihre Geschichte ist eine jener, die das „Behandlungszentrum für Folteropfer Berlin" täglich dokumentiert. Laut Studien sollen 70 Prozent der erwachsenen Flüchtlinge in Deutschland Gewalt miterlebt haben; 35 Prozent haben Kriegserfahrungen. Die Bundespsychotherapeutenkammer schätzt sogar, dass von der Million Menschen, die im vergangenen Jahr nach Deutschland geflohen sind, jeder Zweite an einer Traumafolgestörung leidet. [...]

Sara Geisler: Wer kann schon Deutschvokabeln lernen, wenn der Kopf voller Bilder wie diesem ist? In: fluter (Nr. 58), 2016, S. 45. Zitiert nach: http://www.fluter.de/sites/default/files/wer_kann_schon_deutschvokabeln.pdf (abgerufen am 16.01.2018).

Material 6

Christoph Schroeder: Integration und Sprache (2007)

[...] Im Rahmen des sozialen Verständnisses von Integration, das die aktuelle migrationspolitische Diskussion und Gesetzgebung beherrscht, spielen die Deutschkenntnisse von Zuwanderern eine Schlüsselrolle. Insbesondere die Beherrschung der Schriftsprache gewährleistet in der schriftkulturell geprägten Gesellschaft den Zugang zur Gesellschaft. In der gegenwärtigen Diskussion kommt der Sprachbeherrschung vor allem deshalb eine so zentrale Rolle zu, weil ihre Messbarkeit sie zum Gradmesser der sozialen Integrationswilligkeit von mehrsprachigen Menschen macht. Dabei besteht die Gefahr, dass die sprachliche Praxis der gesellschaftlichen Institutionen und ihre hiermit verbundenen Erwartungen an ihre Teilnehmer nicht reflektiert werden. [...]

„Kompetent" sind die mehrsprachigen Sprecher in ihrer „Gesamtsprachlichkeit", also in der Gesamtheit ihrer sprachlichen Mittel – das bedeutet jedoch in der Regel nicht die Verdopplung aller einzelsprachlichen Varietäten- und Registerdifferenzierungen.

Zentrale Bedeutung erlangt dann die Frage, wie die Schule dieses differenzierte sprachliche Wissen (die „Ressourcen") der mehrsprachigen Schüler für den Schriftspracherwerb des Deutschen nutzen kann. Es besteht kein Zweifel daran, dass die Erst- und die Zweitsprache zweisprachiger Kinder und Jugendlicher sich im Entwicklungsprozess wechselseitig im Sinne von Transfereffekten beeinflussen. „Transfer" bedeutet dabei nicht ein quasi mechanisches Übertragen von Strukturen, sondern ist eher als eine Übertragung von sprachlichen Strategien zu fassen. Hierzu gehört auch kategorielle Schriftlichkeit, verstanden als ein Wissen um den Aufbau von Schriftlichkeit, das nicht primär an eine bestimmte Schriftsprache gebunden ist. Dort, wo dieses Wissen vorhanden ist, bedarf es mehrsprachiger Unterrichtskonzeptionen, die den Transfer erkennen und gegebenenfalls auch fördern. So ist der Mutter- oder Herkunftssprachenunterricht in der Grundschule berechtigterweise Ziel von Kritik, solange er abgekoppelt vom Deutschunterricht lediglich mit einer standardsprachlichen Sprachvermittlung beschäftigt ist. Wenn er aber in enger Zusammenarbeit mit dem Deutschunterricht die Entwicklung des mehrsprachigen Sprachbewusstseins in den Vordergrund stellt und die Kinder beispielsweise mit experimentellen Verschriftungen ihrer Herkunftssprache darin unterstützt, sich die literaten Potenziale von Schriftlichkeit zu erschließen, wird der Unterricht Teil des Programms der mehrsprachigen Förderung, welche die „Ressourcen" der Mehrsprachigkeit nutzt. Mehrsprachige Förderung in diesem Sinne hat nichts mit der Diskussion darüber zu tun, ob Mehrsprachigkeit integrationshemmend oder -fördernd ist bzw. wie volkswirtschaftlich sinnvoll der „Erhalt" der Erstsprachen ist. Es geht darum, die Transfermöglichkeiten zum Zweitspracherwerb zu öffnen.

Förderung der Mehrsprachigkeit wird dann zum willkommenen Nebeneffekt mehrsprachiger Förderung. Wenn beispielsweise in höheren Schulstufen eine Erweiterung des Angebots an Fremdsprachen (nach

Englisch) um auch in der Schule als Erstsprachen gesprochene Sprachen stattfindet, so ist das durchaus im Sinne der europäischen Fremdsprachenpolitik, die erklärtermaßen eine Diversifizierung des Angebots über das Englische hinaus anstrebt.

Christoph Schroeder ist Professor für Sprachwissenschaft an der Bilgi Universität Istanbul.

Christoph Schroeder: Integration und Sprache. In: Aus Politik und Zeitgeschichte (22–23/2007), S. 6 ff.
Zitiert nach: http://www.bpb.de/apuz/30449/integration-und-sprache?p=all (abgerufen am 16.01.2018).

Material 7

Infografik: Verteilung der 15-jährigen Schülerinnen und Schüler auf die Bildungsübergänge 2012 nach Migrationshintergrund und sozioökonomischem Status** (in %)

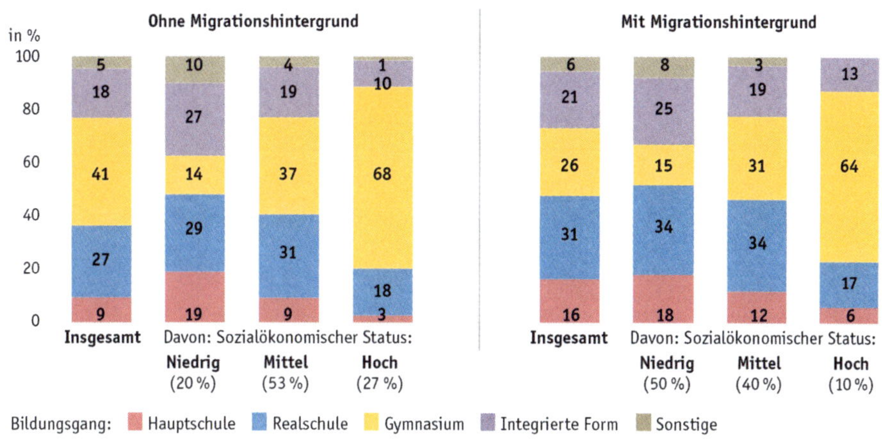

* *Mindestens ein Elternteil im Ausland geboren.*
** *Für alle Jugendlichen wurde der Index für den höchsten beruflichen Status der Familie gebildet (HISEI). Es werden die 25 % der Jugendlichen mit den höchsten Indexwerten (Hoch) mit den 50 % mit mittleren (Mittel) und den 25 % mit den niedrigsten Indexwerten (Niedrig) verglichen. Die Kategorie Insgesamt entspricht nicht der Sumn da hier zusätzlich Jugendliche ohne gültige HISEI-Angaben einbezogen werden.*
Quelle: PISA 2012, eigene Berechnungen → *Tab. H2-17web*

Autorengruppe Bildungsberichterstattung (2016), Bildung in Deutschland 2016, S. 174.
© Bundeszentrale für politische Bildung, www.bpb.de

Schritt 1

Aufgabenstellung erfassen

1.1 Lesen Sie die Aufgabenstellung gründlich. Notieren Sie alle Informationen zu Thema, Textsorte, Anlass, Absicht und Adressaten Ihres Textes und leiten Sie daraus Anforderungen an Ihren Text ab.

Thema:

Textsorte:

Anlass:

Absicht:

Adressaten:

1.2 Benennen Sie, welche inhaltlichen Teilaspekte Ihr Zieltext enthalten soll.

1. Bedeutung des Themas, 2.

Schritt 2

Materialien auswerten

2.1 Verschaffen Sie sich einen ersten Überblick über die Materialien. Halten Sie Informationen zur Textsorte und Herkunft sowie das jeweils zentrale Thema in der folgenden Tabelle fest.

Material	Textsorte	Autor(in), Quelle	zentrales Thema
M 1	*wissenschaftlicher Text mit Kurvendiagramm*	*Rainer Geißler, Soziologe, Bundeszentrale für politische Bildung (bpb)*	*Migrationsgeschichte in Deutschland seit den 1950er-Jahren, aktuelle Werte*
M 2			
M 3			
M 4			
M 5			
M 6			
M 7			

2.3 Welche Materialien enthalten möglicherweise Informationen zu den inhaltlichen Teilaspekten Ihres Textes? Ordnen Sie M 1–M 7 entsprechend zu.

1. Bedeutung des Themas:

2.

3.

4.

2.4 Lesen Sie die Materialien 1 bis 6 gezielt, indem Sie sich darauf konzentrieren, welche Aussagen für Ihren Text relevant sind. Halten Sie die wichtigsten Informationen in der Tabelle fest.

Material	Informationen über Migration und/oder Mehrsprachigkeit
M 1	• *Deutschland ist Einwanderungsland: 2011 lebten in Deutschland 6 Millionen Ausländer und 9 Millionen Deutsche mit Migrationshintergrund.* • *„Migrationshintergrund" =*
M 2	
M 3	
M 4	
M 5	
M 6	

TIPP

Materialien gezielt auswerten

Die verschiedenen Materialien, die Ihnen vorliegen, wurden mit unterschiedlichen Absichten und zu unterschiedlichen Themen geschrieben. Nicht alle darin enthaltenen Informationen sind relevant für Sie.
Für eine gezielte Auswertung gehen Sie am besten so vor:

- **Scannen** Sie die Materialien beim überfliegenden Lesen nach Signalwörtern und Textstellen, die zu Ihrem Thema gehören.
- **Markieren** Sie solche Stellen verschiedenfarbig nach den inhaltlichen Teilaspekten, die Sie in Ihrem Text darstellen wollen.
- Lesen Sie die Texte noch einmal und schreiben Sie die wichtigsten Informationen mit Ihren eigenen Worten heraus (**exzerpieren**).

2.5 Werten Sie die Infografik M 7 aus und setzen Sie deren Aussagen in Beziehung zu den Informationen in den Texten M 5 und M 6.

Schritt 3

Informationen organisieren

3.1 Halten Sie Ihr fachliches Wissen über den Zusammenhang von Migration und Mehrsprachigkeit stichpunktartig fest.

3.2 Stellen Sie in einer Mindmap dar, wie sich die Aussagen der Materialien auf die inhaltlichen Aspekte Ihres Textes beziehen.

Bedeutung des Themas:

Deutschland als modernes Einwanderungsland hat 2014 einen Migrantenanteil von 19 % (M 1).

jüngere Migrationsgeschichte in Deutschland:

Migration und Mehrsprachigkeit in Deutschland

Phänomene von Mehrsprachigkeit:

Chancen und Herausforderungen mehrsprachiger Lerner des Deutschen:

3.3 Sammeln Sie verschiedene Ideen für die Einleitung und den Schluss Ihres Textes und halten Sie dazu prägnante Zitate, aussagekräftige Zahlen und eigene Beispiele auf einem separaten Blatt fest.

TIPP

Materialgestütztes Schreiben: Ideen für Einleitung und Schluss formulieren

Wie die Einleitung und der Schluss Ihres Textes gestaltet sind, hängt im Wesentlichen von der **Textsorte** ab, in der Sie schreiben sollen. Ein offizieller Brief beginnt und endet schließlich anders als ein Beitrag für die Schülerzeitung. Dennoch gibt es ein paar nützliche Tipps, damit Sie diese wichtigen Gliederungspunkte Ihres Textes entwerfen können.

Die Einleitung sollte nicht nur in das **Thema einführen**, sondern auch einen **Bezug zu den Leserinnen und Lesern** herstellen und auf den in der Aufgabenstellung genannten **Anlass eingehen**. Die Einleitung können Sie gestalten mit:

- einer (provokanten) Frage,
- einem griffigen Zitat oder einer aussagekräftigen Zahl aus den Materialien,
- einem aktuellen Bezug,
- einer persönlichen Anekdote oder einem konkreten Fallbeispiel aus Ihrem Umfeld.

Einleitung und Schluss sollten sich aufeinander beziehen und auf diese Weise eine **inhaltliche Klammer** für Ihren Text bilden. Der Schluss enthält zudem eine **Zusammenfassung** der wichtigsten Aussagen Ihres Textes. Sie können den Schluss so gestalten:

- Resümieren Sie Ihre Darstellung und heben Sie die wichtigsten Ergebnisse hervor.
- Greifen Sie das Zitat/das Fallbeispiel/die provokante Frage usw. der Einleitung wieder auf, indem Sie es überprüfen, bestätigen, beantworten oder auch widerlegen.
- Fragen Sie abschließend nach der Bedeutung des Themas für Sie selbst oder Ihre Leserinnen und Leser. Und – je nach Textsorte – sprechen Sie eine Empfehlung für konkrete Maßnahmen aus, geben Sie einen Ausblick auf die weitere Entwicklung oder formulieren Sie eine persönliche Einschätzung.

Schritt 4

Gliederung erstellen

4.1 Gliedern Sie auf der Grundlage Ihrer bisherigen Arbeitsergebnisse den Hauptteil Ihres Textes.

4.2 Wählen Sie eine Ihrer Ideen für Einleitung und Schluss Ihres Textes aus (Aufgabe 3.3). Formulieren Sie beide Gliederungspunkte aus.

Einleitung:

Schluss:

Schritt 5

Klausur schreiben

5 Formulieren Sie Ihren Text vollständig aus. Achten Sie dabei auf
- die formalen Anforderungen der Textsorte, wie etwa Sprachstil für die Präsentation oder Bezug zu Anschauungsmaterialien,
- das Interesse und die Kenntnisse der Leserinnen und Leser,
- flüssige Übergänge zwischen den einzelnen Gliederungspunkten,
- die korrekte Angaben Ihrer Quellen.

WISSEN

Quellen angeben

Sie sollten immer angeben, woher Ihre Informationen stammen, um Ihren Text seriös und glaubwürdig zu gestalten. Verweisen Sie dazu immer auf die konkrete Fundstelle, wenn Sie direkt und indirekt die Gedanken eines anderen wiedergeben.
Am einfachsten gelingt das, wenn Sie unter dem Text ein **Verzeichnis aller Materialien** anlegen und dieses nummerieren, zum Beispiel mit M 1–M 7. In Ihrem Text können Sie dann in Klammern hinter die Informationen die **Nummer der Quelle und die Zeilenangabe** notieren. Das sieht dann zum Beispiel so aus:
Deutschland hatte 2014 einen Migrantenanteil von 19 % (M 1, Z. 15).
Oder so:
„Insbesondere die Beherrschung der Schriftsprache gewährleistet in der schriftkulturell geprägten Gesellschaft den Zugang zur Gesellschaft", betont Christoph Schroeder (M 6, Z. 2 ff.).

Schritt 6

Klausur überarbeiten

6.1 Überarbeiten Sie Ihre Klausur, indem Sie überprüfen, ob Sie die Anforderungen der Aufgabenstellung erfüllen. Nutzen Sie dazu Ihre Ergebnisse aus Schritt 1.

6.2 Ermitteln Sie individuelle Fehlerschwerpunkte.

4 Modelle und Theorien zum Spracherwerb

ein
ernweg

A Vom ersten Laut bis zu komplexen Sätzen
Die Meilensteine des Spracherwerbs kennenlernen

B Wie erwirbt der Mensch die Sprache?
Spracherwerbsmodelle erschließen und vergleichen

C Mehr als eine Sprache
Mehrsprachige Erwerbsprozesse erläutern

Friedrich II. (1194–1250),
römisch-deutscher Kaiser und König von Sizilien

Alamy stock photo (FALKENSTEINFOTO), Abingdon, Oxon

Das Experiment von Friedrich II.

Man erzählt vom Hohenstaufen Kaiser Friedrich dem Zweiten (1194–1250), der mindestens 7 Sprachen beherrschte, er habe sich auch darum bemüht, die menschliche Ursprache zu erforschen. Zu diesem Zweck habe er eine Anzahl Kinder von Ammen aufziehen lassen, denen er aufs Strengste verbot, mit den Kindern zu sprechen. Der Kaiser wollte nämlich ergründen, ob die Kinder die hebräische Sprache als die älteste oder griechisch, lateinisch oder arabisch sprechen würden oder aber die Sprache der Eltern, die sie geboren hatten. Der Versuch missglückte, denn die Kinder starben.

Ernst Kantorowicz: Kaiser Friedrich der Zweite. 6. Auflage, Stuttgart, 1985. Zitiert nach: Largo, Remo H.: Babyjahre. Entwicklung und Erziehung in den ersten vier Jahren, 18. Auflage. München/Berlin: Piper Verlag, 2016, S. 362.

1 **Bringen Sie, soweit möglich, in Erfahrung, wie Sie zur Sprache gekommen sind. Befragen Sie hierzu Ihre Eltern und Verwandten und halten Sie die Ergebnisse schriftlich fest. Sammeln Sie Informationen über**
- **Kommunikation im ersten Lebensjahr**
- **erste Worte (neben Mama, Papa)**
- **Anekdoten aus Ihrer Sprachentwicklung.**

2 **Vergleichen Sie in Kleingruppen Ihre persönlichen Forschungsergebnisse. Finden Sie Ähnlichkeiten oder Unterschiede in Ihrer Sprachentwicklung wie Alter, Wortschatz, Fehler und/oder Anlass betreffend? Worin könnten diese begründet sein?**

3 **Formulieren Sie ausgehend von Ihren Ergebnissen Hypothesen zum Spracherwerb eines Kindes. Berücksichtigen Sie dabei auch die Anekdote um Kaiser Friedrich II.**

A
Vom ersten Laut bis zu komplexen Sätzen
Die Meilensteine des Spracherwerbs kennenlernen

BASISTEXT

Laura lernt sprechen (aufgezeichnetes Gespräch)

Laura wendet sich einem Foto von ihr selbst zu, das sie eben auf dem Tisch entdeckt hat, und äußert zur Mutter gewandt:

Laura: eis-che da
Mutter: Das ist die Laura!
Laura: da eiche
Mutter: Das ist die Laura!
Laura: Da! (zeigt auf ein anderes Bild von ihr als Säugling, das an der Wand hängt)
Mutter: Da ist auch die Laura, richtig!
Laura: da ch
Mutter: Wo ist die Laura noch?
Laura: da i-che (zeigt wieder auf das Bild auf dem Tisch)
Mutter: Und da ist die Laura, ja! Du bist die Laura.
Laura: da (zeigt erneut auf das an der Wand hängende Säuglingsbild von ihr)
Mutter: Da is auch, da bist du noch ganz klein.

Zitiert nach: http://www.einwortsatz.de/dialog1.htm (abgerufen am 14.12.2017). Namen von der Redaktion geändert.

1 Beschreiben Sie die sprachliche Interaktion zwischen Mutter und Tochter.

BASISTEXT

Fenja Mens: Die Stufen des Spracherwerbs (2007)

shutterstock (Iryna Inshyna), New York, NY

Kinder lernen das Sprechen unterschiedlich schnell. Im Durchschnitt mit zwei Monaten lassen Babys ein „örre" oder „kraa" ertönen; die Laute in dieser ersten Lallphase entstehen durch zufällige Muskelbewegungen in Mund, Hals und Kehlkopf. Ab dem sechsten Monat beginnt die zweite Lallphase mit Silbenketten („dadada, gaga, jaja"). Diese Monologe ähneln in Rhythmus und Tonfall bereits der Muttersprache. Im Alter von etwa neun Monaten kann das Baby die Mundbewegungen bewusst steuern, sodass es eine einzige Doppelsilbe formt, zum Beispiel „Mama". Loben die Eltern das Kind dafür, begreift es allmählich, sinnvolle Wörter von sinnlosen Lautketten zu unterscheiden. Ab etwa dem zwölften Monat folgen die ersten sogenannten Protowörter (z. B. „wauwau"). Zu Beginn werden sie nur kontextbezogen verwendet – nur ein ganz bestimmter Ball ist „Balla" –, in einer späteren Phase kann jeder Mann „Papa" sein. Ab anderthalb Jahren kommt es zu einer regelrechten Wortschatzexplosion. Bald darauf bildet das Kind die ersten Zwei-Wort-Sätze, zeitgleich beginnt das erste Fragealter („Tür auf"). Die Kinder werden geschickter darin, Verben zu beugen und Plural zu bilden, die Sätze werden länger. Mit etwa drei Jahren setzt das zweite Fragealter („warum?", „wie?") ein. Mit etwa vier Jahren beherrschen die meisten Kinder die grammatikalischen Grundlagen, parallel wächst der Wortschatz stetig. Das Gehirn speichert Begriffe nebst zusätzlichen Aspekten in einem mentalen Lexikon, etwa „Frosch = Tier, quakt, eklig". Mit sechs Jahren kann das Kind reimen und Wörter in Silben zerlegen – wichtige Fähigkeiten für das Erlernen von Lesen und Schreiben. Die wesentlichen Grundsteine sind damit gelegt.

Fenja Mens: Wie Kinder sprechen lernen. Das A und O des neuen Lebens. In: GEO Wissen Nr. 40, 10/2007, S. 40.

2 Lesen Sie den Text und bestimmen Sie, welche Stufen des Spracherwerbs Laura bereits erreicht hat.

3 Übertragen Sie die Informationen aus dem Text zu den „Stufen des Spracherwerbs" in eine grafische Form, wie zum Beispiel eine Tabelle, einen Zeitstrahl oder ein Kurvendiagramm. Begründen Sie Ihre Gestaltung.

BASISTEXT

Sebastian Kretz: Geburtshelfer der Sprache (2016)

Bevor ich an diesem Text arbeitete, habe ich mir kaum Gedanken darüber gemacht, wie ich mit meinem Sohn spreche. Als er mit etwa einem halben Jahr anfing zu brabbeln, habe ich intuitiv auf seine Äußerungen reagiert. Unsere Wohnung liegt im vierten Stock gegenüber einem alten Wasserturm, auf dem sich an jedem Morgen laut kreischend eine Horde Nebelkrähen versammelt. Beim Frühstück deutet mein Sohn ganz aufgeregt auf das Spektakel und kommentierte es mit ausdauerndem „Dadadadada". Ich folgte seinem Blick und erklärte ihm, es handele sich um Krähen, die gerade Regenwürmer frühstücken.
Dieses Verhalten, so habe ich inzwischen bei der Recherche gelernt, entspricht exakt dem, was Wissenschaftler als einen der wichtigsten Schritte auf dem Weg zur Sprache beschreiben – die sogenannte Triangulierung: Kind und Erwachsener richten gemeinsam die Aufmerksamkeit auf einen Gegenstand, den der Erwachsene benennt, und dieser erklärt, was es damit auf sich hat. So lernt das Kind, dass bestimmte Dinge mit bestimmten Äußerungen verknüpft sind.
Die Eltern schulen nicht nur das Verständnis ihres Kindes, sie helfen ihm auch maßgeblich dabei, seine ersten Worte zu sprechen. Wohl keine wissenschaftliche Arbeit zeigt das eindrucksvoller als das Experiment eines Forscherteams vom Massachusetts Institute of Technology. Der Informatiker Deb Roy hat etwas Ungeheuerliches unternommen: Er hat drei Jahre lang nahezu alle Wörter seines Sohnes aufgezeichnet. Vor der Geburt hatte er Kameras und Mikrofone in jedem Raum seines Hauses installiert, die alle Gespräche dort aufzeichneten und jede Bewegung der Bewohner dokumentierten. So wollte Roy nicht nur herausfinden, in welcher Reihenfolge, in welchen Lautfolgen und in welcher Geschwindigkeit sein Sohn die Wörter lernt, sondern auch, was um ihn herum passiert und wie die Eltern die Sprache des Kindes prägen. Roys Ehrgeiz: den Spracherwerb erstmals nahezu vollständig zu erfassen. Die Kameras konnten allerdings ausgeschaltet werden, und um peinliche Momente zu beseitigen, gab es in jedem Raum einen sogenannten „Ups"-Schalter, der jeweils die letzten zehn Minuten der Aufzeichnungen löschte.

In der riesigen Wort-Datenbank können Roy und seine Mitarbeiter nun alle Begriffe nachschlagen, die der Sohn in seinen ersten Lebensjahren gehört oder gesagt hat. Schritt für Schritt lässt sich zum Beispiel verfolgen, wie das Kind über ein halbes Jahr hinweg aus *ga-ga* über *goh-gah*, *wa-wa* und *wa-tha* allmählich das Wort *water* formte. Sie können auch überblicken, wann und in welchem Zusammenhang Eltern oder Kindermädchen den Begriff zuvor verwendeten – nämlich in der Küche, wo sich die Triangulierung geradezu aufdrängt. In den über 100 000 Stunden Daten entdeckte Roy zudem einen erstaunlichen Vorgang, der nur zu hören ist, wenn man im Spracherwerb gleichsam zurückspulen kann. Wenn Roys Sohn ein neues Wort ausprobierte, hatten Eltern und Kindermädchen zuvor besonders einfache und kurze Sätze gebildet, die genau jenen Begriff enthielten. Offenbar wissen Erwachsene intuitiv, was sie tun müssen, um einem Kind eine Art Brücke zum nächsten Wort zu bauen. Nach dieser Geburtshilfe, so der Forscher, erhöhen die Erwachsenen die Komplexität ihrer Sätze wieder ganz allmählich.

Die nächsten Bezugspersonen eines Kindes, so die Erkenntnis, sind die Hebammen des Wortes. Und ihre Bedeutung lässt in den folgenden Jahren nicht nach: Wenn im Alter von etwa 18 Monaten der Vokabelspurt beginnt, helfen Eltern ihrem Kind mit der sogenannten stützenden Sprache (auf Englisch *scaffoldihg*), seinen Wortschatz zu berichtigen und zu erweitern. Sagt es „da Wauwau", antworten sie etwa: „Genau, da ist ein kleiner Hund." Dieses Verhalten bezeichnen Pädagogen als korrektives Feedback.

Auf ähnlich beiläufige Weise bringen sie ihm etwa ab dem zweiten Geburtstag die Feinheiten der Grammatik bei. Sagt das Kind „Der Junge holt der Ball", antworten sie etwa: „Genau. Der Junge holt den Ball." Weil es solche Übungen über Jahre hinweg täglich dutzendfach praktiziert, erlernt es seine Muttersprache sozusagen nebenbei – der Erstspracherwerb ist ein Musterbeispiel für learning by doing. Und für die Kraft des unablässigen, sanften Korrigierens.

Entscheidend an ihr sind die Beiläufigkeit – und die die Freundlichkeit. Eltern, die sich über Fehler herablassend oder mit harscher Kritik äußern („Das ist doch kein Wauwau, sondern ein Hund. Wann lernst du das endlich!"), stören den Spracherwerb eher, als dass sie ihn befördern.

Sebastian Kretz: Spracherwerb. Die Macht der Wörter. In: GEO 09/2016, S. 30 ff.

4 Lesen Sie den Text und erläutern Sie am Beispiel der Triangulierung und des Scaffolding, welchen Einfluss Eltern auf den Spracherwerb Ihrer Kinder haben.

5 **PLUS** „Unter ‚normalen' Umständen erwirbt jedes Kleinkind die Sprache(n) seiner Umgebung ganz spontan, von sich aus – ohne spezielle Instruktion und ohne Unterricht." (S. 77, Z. 1 f.).
Positionieren Sie sich begründet zu dieser Aussage.

Junge Mütter mit ihren Kindern in einer Krabbelgruppe

shutterstock (Oksana Shufrych), New York, NY

1 scaffolding: engl. Gerüst

BASISTEXT

Chris Schaner-Wolles: Einige grundlegende Beobachtungen zum Erstspracherwerb (2005)

[...] Unter „normalen" Umständen erwirbt jedes Kleinkind die Sprache(n) seiner Umgebung ganz spontan, von sich aus – ohne spezielle Instruktion und ohne Unterricht. Später in der Schule beherrscht es „seine" Sprache längst, d. h. jene Variante seiner Familie und Umgebung, z. B. eine bestimmte dialektale bzw. regionale Variante. Was ihm im Unterricht dann gelehrt werden muss, sind die Eigenheiten der Normvariante seiner Sprache, der sogenannten *Hochsprache* oder *Standardsprache*. [...] Unabhängig von der Sprache, die sie lernen, und vom sprachlichen Angebot aus der Umgebung lassen sich bestimmte invariante Verlaufsmuster feststellen, die für alle Kinder in allen Sprachen gelten. Dies bedeutet jedoch nicht, dass sich alle Kinder vollkommen gleich verhalten. Selbstverständlich lassen sich zwischen einzelnen Kindern auch Unterschiede feststellen. Diese zeigen sich u. a. ganz offensichtlich in der Entwicklungsgeschwindigkeit. Individuelle Unterschiede lassen sich auch in der Reihenfolge, in der einzelne Merkmale erworben werden, beobachten. Allerdings werden sich solche Variationen nur in einem vorhersagbaren Rahmen bewegen, sie werden sich bevorzugt in bestimmten Bereichen zeigen und sich dann bloß innerhalb gewisser Bandbreiten abspielen. [...] Der Erstspracherwerb erfolgt in einem Alter, in dem das Kind zu anderen vergleichbar komplexen kognitiven Leistungen nicht in der Lage ist. Besonders auffallend ist, wie früh und schnell Kinder die Grammatik ihrer Sprache erwerben. Schließlich ist die Grammatik einer Sprache ein äußerst komplexes Regelsystem. Und dieses Regelsystem erwerben Kinder im Normalfall größtenteils vor ihrem vierten Geburtstag. Ab dann bilden Kinder grammatisch korrekte Sätze und verstehen auch bereits problemlos komplexere Sätze. Anders als beim späteren bewussten Lernen von Grammatikregeln im Sprachunterricht erfolgt der Grammatikerwerb der Erstsprache beim Kleinkind unbewusst. Dementsprechend kann das Kleinkind die Regeln seiner Grammatik zwar anwenden, aber selbstverständlich nicht formulieren bzw. darüber reflektieren. Für den Erwerb einer Sprache sind solche Fähigkeiten auch gar nicht notwendig. Um Fähigkeiten dieser Art zu erlangen, ist eine bewusste Auseinandersetzung mit den komplexen, abstrakten Zusammenhängen, wie sie in einer Grammatik gegeben sind, gefragt. Und eine kognitive Leistung dieser Komplexität ist vor einem Alter von zehn, zwölf Jahren nicht erfolgreich möglich (deshalb wird man Kinder mit anderen formalen Regelsystemen, wie sie z. B. in der Mathematik gegeben sind, im Unterricht auch erst ab diesem Alter konfrontieren). [...] Kennzeichnend für Leistungen, die durch angeborene Fähigkeiten ermöglicht werden, ist der Umstand, dass sie mit einer bestimmten zeitlichen Periode der Entwicklung gekoppelt sind. Der Erwerb der fraglichen Leistung muss während dieses Entwicklungsfensters angestoßen werden. Zu einem späteren Zeitpunkt ist die Ansprechbarkeit oder Aufnahmebereitschaft entweder gar nicht mehr oder nicht mehr im gleichen Maße möglich. Dies gilt auch für den Spracherwerb. Der Erstspracherwerb ist nur während einer bestimmten sensiblen Periode problemlos möglich. Dies beweisen die zwar seltenen aber tragischen Fälle von verwahrlosten Kindern, die – ähnlich den Kindern, die der Pharao einsperren ließ – jahrelang in Isolation vegetieren mussten. [...]

Chris Schaner-Wolles: Wie kommt ein Kind zur Sprache? Zitiert nach: http://www.univie.ac.at/ling-plattform/liwi/images/3/33/Schaner-Wolles.2005a (abgerufen am 25.09.2017).

6 Der Linguist Chris Schaner-Wolles ist überzeugt, dass der Spracherwerb auf angeborenen Fähigkeiten beruht. Markieren Sie im Text, mit welchen wesentlichen Argumenten er diese Annahme stützt.

7 Stellen Sie auf der Grundlage des Textes die Unterschiede zwischen dem Erwerb der Erstsprache (Muttersprache) und dem Erlernen einer Fremdsprache gegenüber.

Erwerb der Erstsprache	Erlernen einer Zweitsprache
	begleitet von speziellen Instruktionen und oft auch von Unterricht
lernt Variante seiner Familie und Umgebung	
invariante Verlaufsmuster	
unbewusstes Lernen und Anwenden von Grammatikregeln	
	bis ins Alter möglich

B Wie erwirbt der Mensch die Sprache?

Spracherwerbsmodelle erschließen und vergleichen

Noam Chomsky (*1928)
laif (Van der Hasselt Geoffroy/ Reporters), Köln

1 Der US-Amerikaner Noam Chomsky ist einer der einflussreichsten Sprachwissenschaftler der Gegenwart. Lesen Sie die folgenden Auszüge aus seinem Essay „Sprache und unbewusste Kenntnis“ und beantworten Sie die Fragen a) bis d).

BASISTEXT

Noam Chomsky: Sprache und unbewusste Kenntnis (1976)

[...] Wir können uns eine ideale homogene Sprachgemeinschaft vorstellen, in der es keine Stil- oder Dialektvariation gibt. Wir können weiter annehmen, dass die Sprachkenntnis dieser Sprachgemeinschaft im Geist jedes ihrer Mitglieder gleichförmig repräsentiert ist als ein Element in einem System kognitiver Strukturen. Wir wollen diese Repräsentation der Sprachkenntnis der idealen Sprecher-Hörer die Grammatik der Sprache nennen. Wir müssen sorgfältig die Grammatik, die als eine mentale Struktur betrachtet wird, von der Grammatik des Linguisten unterscheiden, die eine [...] wissenschaftliche Theorie [ist], die unter der Bedingung, dass sie der der intern repräsentierten Grammatik entspricht.
[...] Der systematisch doppeldeutige Gebrauch des Ausdrucks „Grammatik“ ist allgemein üblich; der Kontext muss dann jeweils festlegen, ob sich Grammatik auf die internalisierte Grammatik oder die linguistische Theorie bezieht. Gegen diese Praxis ist zwar nichts einzuwenden, sie kann aber bei unsorgfältiger Handhabung Verwirrung stiften.
Die Grammatik der Sprache bestimmt die Eigenschaften eines jeden Satzes der Sprache. Für jeden Satz bestimmt die Grammatik Aspekte seiner phonetischen Form, seiner Bedeutung und vielleicht noch einiges mehr. Die Sprache ist die Menge der Sätze, die von der Grammatik beschrieben werden. Um einen technischen Ausdruck einzuführen, sagen wir, dass die Grammatik die von ihr beschriebenen Sätze und die dazu gehörigen Strukturbeschreibungen „generiert“ [...].

a) Welche Bedeutungen von „Grammatik“ unterscheidet Chomsky?

Die interessantesten Untersuchungen zur Sprachstruktur sind jene, die sich auf sprachliche Universalien[1] beziehen [...]. Angesichts des Reichtums und der Komplexität des Systems der Grammatik einer menschlichen Sprache und angesichts der Gleichförmigkeit seines Erwerbs auf der Grundlage beschränkter und häufig mangelhafter Evidenz[2] kann es kaum zweifelhaft sein, dass es stark einschränkende universelle Prinzipien geben muss, welche den allgemeinen Rahmen für jede menschliche Sprache und vielleicht auch für einen Großteil ihrer besonderer Struktur festsetzen. Die Bestimmung dieser Prinzipien ist die wichtigste Aufgabe der heutigen Linguistik. [...]
Um den schnellen Übergang zu einem gleichförmigen stabilen Zustand auf der Grundlage begrenzter verfügbarer Erfahrungsdaten erklären zu können, müssen wir einen genetisch bestimmten Anfangszustand voraussetzen. [...] Es gibt guten Grund für die Annahme, dass die Fähigkeit zum Spracherwerb für die gesamte Spezies innerhalb enger Grenzen invariant ist, wenn wir einmal von pathologischen Fällen absehen. Wir können annehmen, dass allen Menschen ein festgelegter und stark einschränkender Anfangszustand eigen ist.

b) Wie begründet Chomsky die Annahme „universeller Prinzipien“ von Sprachen?

1 Unter „Universalien“ versteht Chomsky Gemeinsamkeiten, die alle natürlichen Sprachen besitzen, wie etwa die Tatsache, dass alle eine mündliche, aus Vokalen und Konsonanten bestehende Existenzform haben.
2 Evidenz, die: von lat. *evidens* „ersichtlich, augenscheinlich“; das unmittelbar Erkennbare, das Offensichtliche

Im Anfangszustand des Kindes müssen anscheinend die allgemeinen Prinzipien der Sprachstruktur detailliert angelegt sein; er liefert einen reichen und differenzierten Schematismus, der (1) den Inhalt sprachlicher Erfahrungen und (2) die besondere Sprache bestimmt, die sich unter den gegebenen Bedingungen dieser Erfahrungen entwickelt. [...]
Wir wollen diesen Schematismus „Universalgrammatik“ nennen. Wir können uns die Universalgrammatik im Wesentlichen als genetisches Programm, als den Schematismus vorstellen, der den Bereich möglicher Realisierungen, also möglicher menschlicher Sprachen ermöglicht. Jede dieser möglichen Realisierungen ist ein möglicher stabiler Endzustand, die Grammatik einer Einzelsprache. Die Universalgrammatik ist ein System, das im Anfangszustand genetisch bestimmt ist und unter den erfahrungsmäßigen Bedingungen spezifiziert ist, genauer gefasst, strukturiert und verfeinert wird, so dass sich die besonderen Grammatiken ergeben, die in den erreichten stabilen Zuständen repräsentiert sind. Wenn wir das sprachliche Wachstum („Sprachlernen“) auf diese Weise betrachten, dann können wir verstehen, wie es kommt, dass eine Person sehr viel mehr weiß, als sie erfahren hat.

Alle Textausschnitte aus: Noam Chomsky: Sprache und unbewusste Kenntnis. In: Ders.: Regeln und Repräsentationen. Übersetzt von Helen Leuninger. Frankfurt: Suhrkamp, 1981, S. 218–254.

c) Wie ist die „Universalgrammatik“ (Z. 34) nach Chomsky im Menschen verankert?

d) Wie definiert Chomsky „Universalgrammatik“ und in welcher Beziehung steht sie zur Grammatik einzelner Sprachen?

2 Nähern Sie sich den verschiedenen Ansätzen zum ontogenetischen Spracherwerb, indem Sie die Wortbedeutungen klären.

nativistisch: von lat. nativus „angeboren“

kognitiv:

interaktionistisch:

behavioristisch:

WISSEN

Spracherwerbstheorien

Die Frage, wie der Mensch zur Sprache kommt, beschäftigt Philosophen, Gelehrte und Wissenschaftler schon immer. Dabei steht neben der sogenannten **Phylogenese** der Sprache, also dem Sprachursprung, vor allem die **Ontogenese**, der individuelle Spracherwerb, im Zentrum des Interesses.
Zur Erklärung des ontogenetischen Spracherwerbs stehen sich mehrere Ansätze gegenüber, die den Einfluss der sprachlichen Umgebung und angeborener Fähigkeiten des Kindes unterschiedlich bewerten:
Das **nativistische Modell** von Noam Chomsky (*1928), das **interaktionistische Modell** von Lew Wygotski (1896–1934), das auf Jean Piaget (1896–1980) zurückgehende **kognitivistische bzw. konstruktivistische Modell** und das **behavioristische Modell** nach Burrhus F. Skinner (1904–1990), welches sich auf das äußerlich Beobachtbare beschränkte und angesichts neuester Erkenntnisse der Neurobiologie kaum noch vertreten wird.

BASISTEXT

Monika Rothweiler: Erklärungsansätze in der Spracherwerbsforschung (2015)

Die nativistische Vorstellung zum Spracherwerb, und das heißt im engeren Sinn zum Grammatikerwerb, nimmt an, dass die Fähigkeit, eine Sprache zu erwerben, zur besonderen Ausstattung des Menschen gehört. Im Nativismus geht man davon aus, dass jeder Mensch von Geburt an mit einem grammatischen Programm ausgestattet ist. Vieles in diesem Programm ist nicht spezifiziert, sondern muss einzelsprachlich auf der Grundlage des Inputs festgelegt werden.
Ein zentrales Argument der Nativisten (oder auch Mentalisten) für die Annahme angeborenen sprachstrukturellen Wissens stammt von Chomsky und wird das *poverty of stimulus*-Argument genannt. Die Idee dahinter ist, dass die Inputinformationen, die das Kind erhält, einerseits fehlerhaft sind, und andererseits nicht eindeutig, so dass viele Interpretationen möglich sind. Als Beispiel werden oft strukturell mehrdeutige Sätze angeführt (*Hans ist schwierig zu zeichnen – Hans ist begierig zu zeichnen*). [...] Gegen die nativistische Position formierten sich vor allem die Vertreter kognitivistischer Ansätze (die oft auch konstruktivistische Ansätze genannt werden) und interaktionistische Ansätze. Der Kognitivismus geht auf Piaget und die Genfer Schule zurück. In kognitiven Ansätzen nimmt man an, dass das Kind Sprache erwirbt, indem es auf der Basis kognitiver Strategien Schlüsse über Formen und Strukturen zieht. Der zentrale Punkt im Kognitivismus ist, dass der Spracherwerb allein auf der generellen Symbolisierungsfähigkeit und der allgemeinen kognitiven Entwicklung des Kindes gründet. Die Annahme einer spezifischen, angeborenen Sprach(erwerbs)fähigkeit wird abgelehnt. Vielmehr soll das Kind sprachliche Verarbeitungsstrategien aus generellen kognitiven Prozessen ableiten und so Strategien formulieren, die zur Entdeckung struktureller führen. Der Zugang zur Sprache erfolgt über die Bedeutungsseite. Der Zugang zur Grammatik basiert darauf, dass zwischen semantischen Konzepten wie Agens und Aktion einerseits und grammatischen Relationen wie Subjekt und Verb andererseits eine Beziehung besteht. [...]
Spielt im Kognitivismus die kognitive Entwicklung die zentrale Rolle für den Spracherwerb, spielen im Interaktionismus der Input und die Interaktion zwischen Kind und Bezugspersonen eine entscheidende Rolle, und die kognitive Entwicklung gibt den Rahmen für die sprachliche Entwicklung vor. Interaktionistische Ansätze sind pragmatisch orientiert: Im Vordergrund stehen Funktion und Gebrauch von Sprache und ihre sozialen Aspekte. Der Interaktionismus wird seit den 70er Jahren [...] vertreten. Zentral ist die Annahme, dass die an das Kind gerichtete Sprache ganz auf die Bedürfnisse und Fähigkeiten des Kindes ausgerichtet ist. Sie ist semantisch und strukturell vereinfacht und prosodisch markiert. So soll der vorstrukturierte Input das Kind in die Lage versetzen, dem Input alle wichtigen Informationen für den Erwerb (auch der Grammatik) zu entnehmen. Wichtig ist in diesem Ansatz der Begriff motherese („Mutterisch", auch *baby talk, child directed speech*). Die Existenz dieser „an das Kind gerichteten Sprache" wird als Gegenargument gegen das *poverty of stimulus*-Argument genutzt. [...] Es gibt viele Varianten der hier vorgestellten Absätze, eine Reihe weiterer Ansätze, und insgesamt sind die Grenzen zwischen den verschiedenen Positionen fließend. Der Interaktionismus beispielsweise, wie ihn Bruner (1983) vertritt, konzentriert sich auf den ganz frühen Spracherwerb (bis zum Alter von zwei Jahren etwa). Dieser Ansatz ist eine ausführliche Beschreibung der Bedingungen, unter denen Spracherwerb normalerweise abläuft. Eine Erklärung für den Erwerb von Sprache insgesamt und besonders für den Erwerb der Grammatik kann der Ansatz nicht liefern. [...] Andere Ansätze stellen besonders den Form-Funktions-Zusammenhang der Sprache in den Vordergrund, so dass man von funktionalistischen Ansätzen spricht.

Monika Rothweiler: Erklärungsansätze in der Spracherwerbsforschung. In: Jörg Meibauer et al.: Einführung in die germanistische Linguistik. Stuttgart: Metzler, 2015, S. 289 ff.

3 Welche der drei Haupttheorien zum ontogenetischen Spracherwerb können sich ergänzen, welche schließen sich dagegen (eher) aus? Diskutieren Sie auf Grundlage des Textes von Monika Rothweiler.

4 **PLUS** „Hans ist schwierig zu zeichnen – Hans ist begierig zu zeichnen" (Z. 10). Erläutern Sie den strukturellen Unterschied der Sätze, mit denen das „poverty of stimulus-Argument" (Z. 32) im Text belegt wird.

C „Mehr als eine Sprache"
Mehrsprachige Erwerbsprozesse erläutern

1 Viele Menschen erwerben im Laufe ihres Lebens mehrere Sprachen und gebrauchen diese in Abhängigkeit von ihrer Umgebung abwechselnd oder auch gleichzeitig. Erläutern Sie, welche Informationen die Grafik zu Beginn des folgenden Textes diesbezüglich enthält.

BASISTEXT

Mechthild Dehn, Ingelore Oomen-Welke, Claudia Olsburg: Mehr als eine Sprache – In zwei Sprachen gleichzeitig sprechen lernen (2012)

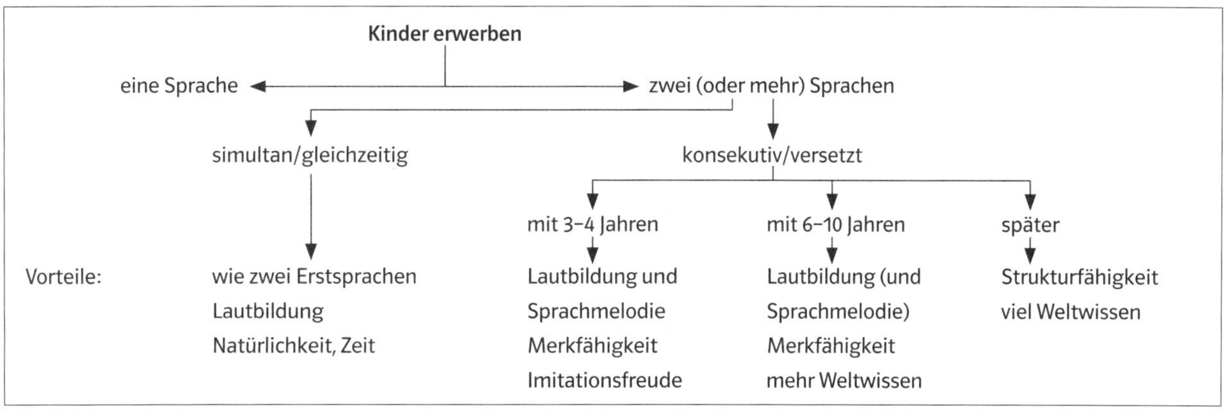

Mechthild Dehn: Kinder & Lesen und Schreiben. Was Erwachsene wissen sollten. Seelze: Kallmeyer, Friedrich Verlag, 2012, S. 61.

Muttersprache, Erstsprache	Sprache, die das Kind als erste Sprache lernt, Sprache in seiner Familie
Doppelter Erstspracherwerb	Simultane Zweisprachigkeit. Die Bezugspersonen/Eltern sprechen mit dem Kind zwei verschiedene Sprachen; das Kind lernt das Sprechen an beiden Sprachen, auch wenn es eine davon besser kann. Mit der Lebenssituation kann sich ändern, welche Sprache besser oder lieber gesprochen wird.
Zweitsprache	Sprache, die das Kind lernt, nachdem die Erstsprache schon erworben ist. Die Zweitsprache kann mit 3–4 Jahren, mit 6 oder 10 Jahren oder später beginnen. Man spricht von Zweitsprache, wenn das Lernen nicht nur auf Unterricht beruht, sondern auch im sozialen Austausch stattfindet und der Gebrauch in der Lebenswelt notwendig ist. Meist wird sie im Zielsprachenland erworben. *Deutsch als Zweitsprache* (DaZ) in Deutschland oder Österreich oder der Deutschschweiz. DaZ kann auch als Fremdsprache beginnen und dann Zweitsprache werden.
Drittsprache, Viertsprache	Sprache, die nach zwei anderen Sprachen gelernt wird. Man geht davon aus, dass dies so ähnlich vor sich geht wie bei einer Zweitsprache.

Kinder, die in eine zweisprachige Lebenswelt geboren werden, nehmen schon im Mutterleib beide Sprachen hörend auf. Die Sprache der Mutter ist die nähere, die dem Kind vertrautere, ihr Klang prägt das vorsprachliche Hören des Kindes. Wenn die Mutter zwei Sprachen abwechselnd gebraucht, nimmt das Kind den Klang beider Sprachen auf. Die Empfänglichkeit des Kindes für diese Sprache wird verstärkt nach der Geburt mit den nun folgenden Körper- und Spracherfahrungen, auch durch andere Kontaktpersonen. Wenn zum Beispiel der Vater, die Großmutter oder die Kinderfrau mit dem Kind eine andere Sprache spricht als die Mutter, stellt sich das Kind auch auf diese Sprache ein. Entscheidend für die Festigung im kindlichen Gehirn sind die Sprachmenge – ein paar Wendungen jeden Tag reichen nicht aus für das intensive Aufnehmen. Entscheidend ist zum anderen die emotional-soziale Erfahrung im Zusammenhang mit der Sprache: wie das Kind

im Arm gehalten und berührt wird, wie intensiv der Blick- und Körperkontakt ist, ob das gemeinsame Spiel Spaß macht und ob man Freude miteinander erlebt.
Wenn ein Kind in zwei Sprachen sprechen lernt, dann geht das Sprachenlernen zunächst ähnlich vor sich wie mit einer einzigen Sprache. Das Kind erkundet die Umgebung tastend und gestikulierend, es übt seine Sprechwerkzeuge ein, es artikuliert und probiert alle möglichen Laute aus, und allmählich bevorzugt es die Laute, auf die seine Umwelt positiv reagiert. Es lernt in Interaktion, wie die Dinge heißen, und es beginnt zu verstehen. Die ersten Wörter, noch in frühkindlichen Formen, kommen aus der Sprache, die die kindliche Lebenswelt am intensivsten prägt. Schon bald tauchen auch Wörter aus beiden Sprachen auf.
Frühe Lautketten scheinen neben *dada, mama, papa/baba* die Formen *ata* und *tata* zu sein, alle vier Formen weisen den maximalen Kontrast auf: im Wechsel den Selbstlaut/Vokal *a*, der bei offenem Mund gebildet wird, und einen Mitlaut/Konsonant, der mit geschlossenen Lippen (wie bei *m, b, p*) oder Zunge und Zähnen (*d, t*) gebildet wird. Viele erste Wörter sind so gebaut. Während *mama* und *papa/baba* in vielen Sprachen dieselbe Bedeutung haben, ist das bei anderen Formen nicht der Fall, *ata* zum Beispiel wird im Deutschen regional verstanden als „spazieren gehen", alternativ zu *tata/teita*. Im Französischen wird *ata* als Form von *attends* („warte!") angesehen, *tata* als Babywort für *pousette* („Kinderwagen"). Familien mit deutscher oder französischer Sprache reagieren vielleicht so: *Ja, da gehen wir gleich spazieren!* oder *Eh oui, voilà ta pousette!*
Beispiele zeigen, dass simultan zweisprachig aufwachsende Kinder schon früh das Problem lösen müssen, dieselbe Lautkette mit zweierlei Bedeutung zu verbinden. Wir wissen nicht genau, wie sie das Angebot der zwei Sprachen ordnen. Man nimmt an, dass sie sich an den Personen orientieren, die die eine oder die andere Sprache gebrauchen. Der Sprachbeginn zweisprachig aufwachsender Kinder scheint mehr Zeit zu benötigen; sie beginnen im Durchschnitt etwas später zu sprechen. Dieser Befund ist mit Vorsicht zu betrachten, denn auch bei den Einsprachigen gibt es Kinder, die nicht im Alter von einem Jahr, sondern erst später erste Worte äußern. [...] Von etwa zwei oder drei Jahren an halten die Kinder die Wörter der einen und der anderen Sprache auseinander, auch wenn sie im Sprechen eine Zeitlang eher „gemischte" Sätze bilden. Mit vier Jahren sprechen sie normalerweise in jeweils einer der beiden Sprachen. Möglicherweise „leihen" sie sich aus der anderen Sprache ein Wort, das sie in dieser Sprache nicht kennen.
Leah: I do not want cream on my Avocadobrot on top!
Ken: Kenchan bäh shit. – Wo ist kuruma wa? – Sabine to Werkstatt ittetano.
Oder sie verwenden eine Satzstruktur aus der Sprache, die sie besser sprechen: *Not down! I want up to go!* (Leah, 3;1 Jahre)
Das Kind Ken hörte von der Mutter Japanisch und vom Vater und der ganzen väterlichen Familie Deutsch. Ken begann im Alter von 1;4 Jahren Wörter zu äußern, und zwar erstaunlich viele und sehr unterschiedliche gleichzeitig in beiden Sprachen [...]. Die Zwei- und Mehrwortsätze begannen mit 1;11 Jahren: *Auto kaputt, busa iku syou?* („mit Bus fahren?"). Wegen der intensiven Beziehungen zu der deutschsprachigen Familie wurde Deutsch die Sprache, in der Ken am meisten kommunizierte und in der er Sätze bis zu vier Wörtern bildete, bis er mit 2;3 Jahren mit beiden Eltern zu einem Besuch nach Japan kam. Der stärkere Kontakt mit dem Japanischen wirkte sich auf das Sprechen aus, aber nicht sofort, sondern mit Verzögerung. Zurück in Deutschland war Japanisch folglich eine Zeitlang die dominante Sprache. Erst allmählich überwog wieder Deutsch. Seit seinem 13. Lebensjahr lebt Ken nun in Japan, er spricht beide Sprachen, Japanisch allerdings besser und sicherer in Wort und Schrift.

Mechthild Dehn et al.: Kinder & Sprache(n). Was Erwachsene wissen sollten. Seelze-Velber: Klett/Kallmeyer, 2012, S. 60 ff.

2 Markieren Sie wichtige Aussagen zum simultanen Spracherwerb im Text. Erläutern Sie die Parallelen zum einsprachigen Spracherwerb, die Besonderheiten der Laut-Bedeutungs-Zuordnung sowie den Einfluss auf den Zeitpunkt des Sprachbeginns.

3 Beschreiben Sie das folgende Diagramm mündlich und bewerten Sie es.

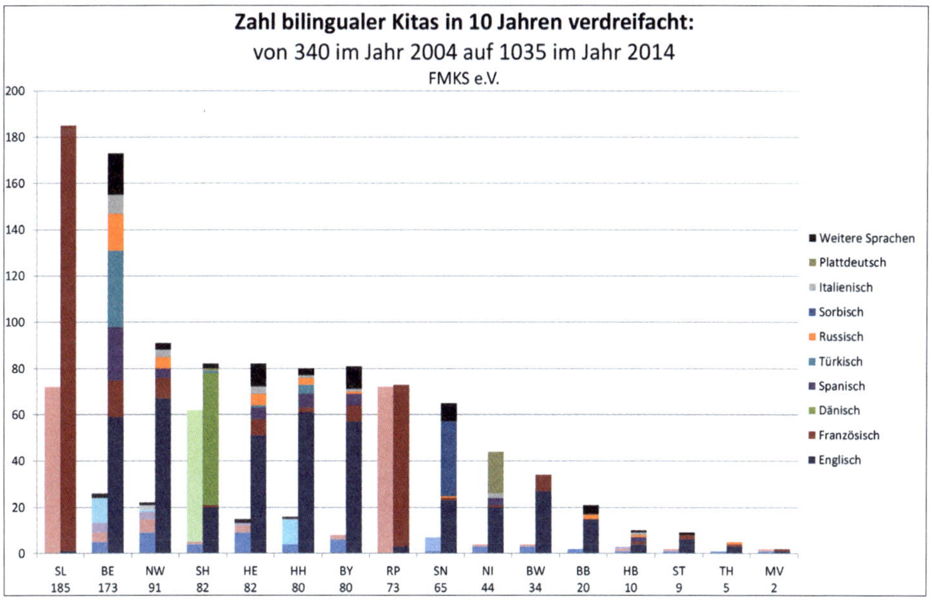

Zahl bilingualer Kitas in den Bundesländern im Jahr 2004 (linke Säulen) und 2014 (rechte Säulen)

FMKS e.V., Verein für frühe Mehrsprachigkeit an Kindertageseinrichtungen und Schulen, www.fmks.eu, fmks@fmks.eu 2014

Bewertung des Diagramms:

WISSEN

Diskontinuierliche Texte erschließen

Bei sogenannten diskontinuierlichen (nichtlinearen) Texten ist die **Leserichtung nicht vorgegeben**. Stattdessen sind die Informationen in einer **Kombination aus grafischen und textlichen Elementen** veranschaulicht. Zu den diskontinuierlichen Texten gehören Diagramme, Grafiken, Schaubilder, Karten und Tabellen.

Wegen der oft hohen Informationsdichte sollten Sie sich beim Erschließen Zeit nehmen und textnah lesen. Die folgenden Fragen können Ihnen dabei helfen.

Thema und Basisinformationen

- Welche Art diskontinuierlicher Text liegt vor (Kreis- oder Balkendiagramm, Schaubild, usw.)?
- Wird das Thema des Textes explizit benannt (vgl. hierzu Überschrift und Quellenangabe)?
- Auf welcher Datengrundlage basieren die Informationen? Wie wurden sie erhoben?
- Wer ist Urheber? Welche weiteren Quellenangaben werden gemacht?

Bestandteile und Aufbau

- Welche Bestandteile und Angaben enthält der Text (Zahlenwerte, Linien, Achsen, Farbigkeit, Kurven, Beschriftungen, usw.)?
- Wie sind die einzelnen Bestandteile beschaffen (Kurvenverlauf, Einteilung, Größenverhältnisse)?
- In welcher Beziehung stehen die Bestandteile zueinander?
- Stechen einzelne Eigenschaften besonders hervor?

Aussagen und Kontextbezüge

- Welche Aussagen zum Thema lassen sich aus der Beschreibung der einzelnen Bestandteile und ihres Zusammenhangs ableiten?
- Können die Aussagen zu zentralen Thesen zusammengefasst werden? Welche Kernbotschaften enthält der Text?
- Welche Bezüge lassen sich zu dem begleitenden Fließtext oder anderen Texten herstellen?

AUFBAUTEXT

Patricia Bonaudo: 6 Mythen über Mehrsprachigkeit (2016)

Während andere Kinder in meiner Schule kein einziges Wort Hochdeutsch sprechen konnten, war mein Spracherwerb immer Gegenstand großer Besorgnis. Davon hängt so vieles ab: die Entwicklung der Intelligenz, die Integration und die geistige Gesundheit. Bei meinen Voraussetzungen schien das reibungslose Erlernen der Sprache inmitten des Sprachchaos eine riskante Angelegenheit. Meine Mutter ist Kroatin, mein Vater Franzose.
Und weil das nicht schon verwirrend genug ist, wird es noch unüberschaubarer: Mein französischer Opa ist das Kind italienischer Einwanderer, meine kroatische Oma sprach ursprünglich einen österreichischen Dialekt. Ich selbst bin in Süddeutschland aufgewachsen und dort wird ein Dialekt gesprochen, der ohne Schwierigkeiten als eigene Sprache durchgehen könnte. Nun habe ich selbst Kinder und die Frage des Sprachenlernens stellt sich erneut.
Heute würde wahrscheinlich niemand mehr davon abraten, mit dem Kind in einer anderen als der Umgebungssprache zu sprechen, niemand würde Zweisprachigkeit als problematisch einstufen und dennoch existieren bis heute Vorbehalte und Vorurteile über den gleichzeitigen Erwerb von mehr als einer Sprache. Zum Tag der europäischen Sprachen möchte ich aufräumen mit Ängsten und Mythen über Multilingualität.

1. Mehrsprachige Kinder sind verwirrt

Wenn Kinder in mehrsprachigen Familien aufwachsen, gilt die größte Sorge der Verursachung von Verwirrung und Überforderung. Zwischen den Sprachen hin und her zu wechseln, die Sprachen nicht voneinander unterscheiden zu können und schließlich keine der Sprachen richtig zu beherrschen, das sind die häufigsten Vorbehalte gegenüber dem mehrsprachigen Spracherwerb. Dabei gibt es keine Anhaltspunkte, die diese Sorge unterstützen würden.
Häufig wird das Mischen der verschiedenen Sprachen in einem Satz, das sog. „Code Switching", missverständlicherweise als Problem und Indiz einer Sprachverwirrung eingestuft. Dieses Mischen der unterschiedlichen Sprachen wird als Code-Switching bezeichnet und ist tatsächlich ein weitverbreitetes Phänomen in mehrsprachigen Gruppen und Gesellschaften und gehört zum normalen multilingualen Sprachgebrauch dazu.
Dass ein Kind alle Sprachen gleichzeitig einsetzt, ist durchaus funktional und kein Zeichen dafür, dass es die Sprachen nicht auseinanderhalten kann. Kinder erleben das Code-Switching bei den Erwachsenen und tun es ihnen gleich. Außerdem nutzen sie, ebenso wie einsprachige Kinder, alle ihnen zur Verfügung stehenden Worte. Wenn ein bestimmtes Wort also nur in einer der Sprachen bekannt ist, wird es an die andere Sprache „ausgeliehen", dies geschieht aber bewusst und ist demnach nicht der Verwirrung geschuldet, sondern dem noch limitierten Wortschatz.

2. Eine Person – eine Sprache

Dieser griffige Grundsatz gilt unangefochten. Er scheint die Patentlösung gegen die befürchtete Verwirrung zu sein. Bis heute arbeiten fast alle bilingualen Bildungseinrichtungen nach diesem Grundsatz. Die Regel ist so einfach, dass sie bis heute Bestand hat, obwohl sie über 100 Jahre alt ist und zahlreich widerlegt wurde.
Der Ansatz, dass ein Elternteil jeweils nur eine Sprache spricht, kann eine Möglichkeit zum erfolgreichen Spracherwerb darstellen, er ist aber weder notwendige Bedingung noch ausreichende Methode zum Gelingen der Multilingualität. Kinder erlernen die Sprache über den häufigen Kontakt zu unterschiedlichen Sprechenden, zu den Geräuschen und Lauten, zur Grammatik und den Wörtern einer Sprache.
Dabei zählen Qualität und Quantität. So ist es beispielsweise nicht möglich, die Sprache durch das Schauen fremdsprachiger Filme zu erlernen, denn die soziale Interaktion spielt eine entscheidende Rolle. Viele unterschiedliche Menschen, die viele unterschiedliche Worte gebrauchen, wirken sich positiv auf das Erlernen der Sprachen aus. Im Prinzip gelten hier also die gleichen Faktoren wie für den Spracherwerb von nur einer Sprache.
Es ist somit völlig egal, ob eine Person eine Sprache spricht oder außer Haus eine Sprache, zu Hause die andere Sprache gesprochen wird oder an einem Tag eine Sprache, an einem anderen die andere, das Kind erlernt ohnehin nur die Sprachen, die in ausreichender Quantität und Qualität in seinem Umfeld vorhanden sind.

3. Sprachen immer „sauber" trennen

Häufig sind die Eltern mehrsprachiger Kinder selbst zwei- oder mehrsprachig. Das Mischen der unterschiedlichen Sprachen gehört also zum normalen Sprachgebrauch der Eltern. Mein Kind hört mich

Deutsch, Französisch, Englisch und Kroatisch sprechen, denn je nach dem, mit wem ich mich unterhalte, setze ich eine andere Sprache ein.

Mit meinem Kind spreche ich Französisch, Deutsch und in Kroatien auch mal Kroatisch. Dieser unterschiedliche Einsatz der verschiedenen Sprachen ist an unsere Lebensrealität angepasst, genauso wie das Hin-und-her-Wechseln und Mischen der verschiedenen Sprachen. Es gibt keine Anzeichen oder Hinweise darauf, dass sich ein Umfeld mit ganz unterschiedlichen Sprachen negativ auf die Sprachentwicklung oder die Herausbildung des Wortschatzes auswirkt. Wie oben erläutert kann das Einsetzen des Code-Switching sogar als funktional betrachtet werden.

Thinkstock (Rawpixel), München

4. Umso früher umso besser

Ein weiteres Vorurteil betrifft das Alter des Spracherwerbs. Die Annahme, dass das Erlernen einer neuen Sprache nach Überschreiten eines bestimmten Alters unmöglich oder nur unter sehr großer Anstrengung möglich ist, ist so weit verbreitet, dass sie fast unhinterfragt gilt.

Klar ist, dass wir nie wieder eine bessere Lernumgebung für den Spracherwerb haben werden als in der frühen Kindheit. Große Teile unserer Umgebung sind in dieser Zeit auf den Erwerb und Ausbau unseres Kommunikationsmittels ausgerichtet, wir haben niemals wieder so viel Raum und Zeit dafür. Dennoch ist der Spracherwerb nicht zwingend an die Kindheit geknüpft. Wenn sich eine weitere Sprache erst zu einem späteren Zeitpunkt herausbildet oder auch erst zu einem späteren Zeitpunkt erlernt wird, schließt das nicht aus, dass diese nicht ebenso gut herausgebildet werden kann wie bei einem Erlernen in frühen Jahren. Es ist nie zu spät, eine neue Sprache zu lernen, wenn wir Lust darauf haben.

5. Mehrsprachige Kinder leiden unter Entwicklungsverzögerungen oder -störungen

Die Häufigkeit von Entwicklungsverzögerungen oder -störungen bei Kindern mit mehreren Sprachen ist nicht höher, meist ist nur die Diagnose schwieriger. Wenn eine Sprachstörung bei einem zwei- oder mehrsprachigen Kind diagnostiziert werden soll, muss viel mehr in Betracht gezogen werden als bei der Entwicklung einer Sprache. Die Anzahl der Vokabeln ist beispielsweise kein zuverlässiger Indikator mehr, wenn das Kind zwei Sprachen spricht. Die Summe der Vokabeln plus die Diversität dieser auf die beiden Sprachen verteilt ergeben erst ein vollständiges Bild. Wenn die zweite Sprache eine eher seltene Sprache ist, wird es zunehmend schwieriger, die Situation richtig einzuschätzen. Für Lehrende und Fachpersonal wird es also immer komplexer, die individuelle Entwicklung richtig zu beurteilen.

6. Zum Schluss das Gegenteil: Mehrsprachige Kinder sind intelligenter

Das Beherrschen von mindestens einer weiteren Sprache scheint heute unerlässlich zu sein für den beruflichen Erfolg, das Reisen, die interkulturelle Kompetenz, das Bestehen in der modernen Gesellschaft. Es gibt Hinweise darauf, dass mehrsprachige Kinder gewisse Vorteile bezüglich sozialer Kompetenz aufweisen. Dies scheint wenig überraschend, wenn man die häufig komplexen sozialen Systeme eines multilingualen und damit häufig ja auch multikulturellen Umfelds betrachtet. Die Sensibilität für Sprachnuancen und Unterschiede in der Mimik sind wichtiger Bestandteil des Umgangs mit vielen Sprachen, aber generell zeigen bi- oder multilinguale Kinder ähnliche kognitive Vorteile wie Kinder, die eine musische Frühförderung erfahren haben. Wahrscheinlich zeigt sich hier, wie vorteilhaft es für Kinder sein kann, auf ganz unterschiedliche Art und Weise angesprochen und gefördert zu werden. Ganz allgemein.

Patricia Bonaudo: 6 Mythen über Mehrsprachigkeit. Zitiert nach: https://missy-magazine.de/blog/2016/09/27/6-mythen-ueber-mehrsprachigkeit/ (abgerufen am 28.09.2017).

4 Analysieren Sie, wie Patricia Bonaudo in ihrem Text die Vorurteile gegenüber Mehrsprachigkeit entkräftet. Nehmen Sie abschließend Stellung dazu, ob Sie die Argumentation der Autorin überzeugt.

5 PLUS Erörtern Sie auf der Grundlage des Diagramms auf Seite 83 und des Textes von Patricia Bonaudo Möglichkeiten und Grenzen mehrsprachiger Sozialisation in Deutschland.

Mein Wissen sichern und anwenden

1 Ergänzen Sie die Lücken in der folgenden Übersicht zu den Phasen des Spracherwerbs.

Phase	Zeitraum	Beschreibung
vorsprachliche Periode		*Das Kind produziert Laute wie Grunzen, Weinen, Schreien, Seufzen, Lachen und Gurren.*
Lall-Phase		
Nachlall-Periode	*9 Monate bis 1 Jahr*	*Diese Zeit ist durch Imitation von Klängen der Erwachsenensprache gekennzeichnet.*
Ein-Wort-Stadium	*1 Jahr bis 2 Jahre*	

Logopädisches Weblexikon: Phasen der Sprachentwicklung. Zitiert nach: http://logopaediewiki.de/wiki/Sprachentwicklung (abgerufen am 12.12.2017).

2 Welche der drei Aussagen zu Chomskys Spracherwerbstheorie ist falsch? Kreuzen Sie die Aussage an und stellen Sie sie richtig.

☐ „Grammatik" ist ein doppeldeutiger Begriff, der sich sowohl auf die Beschreibung einer Sprache als auch auf die internalisierten Regeln einer Sprache bzw. von Sprache überhaupt beziehen kann.

☐ Chomsky begründet die Existenz einer Universalgrammatik unter anderem damit, dass der Verlauf des Spracherwerbs unabhängig von der zu erwerbenden Sprache weitgehend invariant ist.

☐ Das sogenannte *poverty of stimulus*-Argument wird durch die interaktionistische Spracherwerbstheorie vollständig widerlegt.

3 Erläutern Sie die zentralen Unterschiede zwischen einem Zweitspracherwerb und dem Lernen einer Fremdsprache.

5 Zum Verhältnis von Sprache, Denken und Wirklichkeit

Mein Lernweg

A **Die Welt mit Worten erfassen**
Begriffsbildung verstehen

B **Über die Beziehung von Sprache und Denken**
Erklärungsansätze vergleichen

Lewis Carroll: Alice hinter den Spiegeln (1871)

In der Fortsetzung seines Kinderbuchklassikers „Alice im Wunderland" (1865) erzählt Lewis Carroll von Alices Erlebnissen im Spiegelland. In dieser Parallelwelt, in die Alice durch einen Spiegel über dem Kamin im heimischen Wohnzimmer gelangt, trifft sie auf Humpty Dumpty, ein übergroßes, menschenähnliches Ei. Dieser erklärt dem Mädchen, dass es an 364 Tagen im Jahr Nichtgeburtstagsgeschenke geben kann …

„… und nur an *einem* etwas zum Geburtstag. Was für eine Blüte!"
„Ich verstehe nicht, was Sie mit ‚Blüte' meinen", sagte Alice.
Humpty Dumpty lächelte abfällig. „Natürlich verstehst du das nicht, solange nicht, bis ich es dir erkläre. Ich meinte: ‚Was für eine nette, überzeugende Darlegung!'"
„Aber ‚Blüte' bedeutet doch gar nicht ‚nette, überzeugende Darlegung'", wendete Alice ein.
„Wenn *ich* ein Wort verwende", sagte Humpty Dumpty nun ziemlich gereizt, „dann bedeutet es genau das, was ich will – nicht mehr und nicht weniger."
„Es ist nur die Frage", sagte Alice, „ob Sie Wörter einfach so sehr Unterschiedliches bedeuten lassen können."
„Es ist nur die Frage", sagte Humpty Dumpty, „wer hier das Sagen hat – so sieht's aus."

Lewis Carroll: Alice hinter den Spiegeln. Übers. v. Jan Strümpel. Köln: Anaconda Verlag, 2012.

iStockphoto (Andrew_Howe), Calgary, Alberta

1 **Erläutern Sie, wie Humpty Dumpty mit Begriffen umgeht.**

2 **Wozu führt ein solcher Umgang mit Begriffen für Sie als Erzähler und für die Zuhörer? Überprüfen Sie Humpty Dumptys These in einem kurzen Experiment.**
- **Schreiben Sie anschaulich in drei Sätzen auf, was Sie gestern Abend gemacht haben.**
- **Ersetzen Sie alle Nomen, Verben und Adjektive willkürlich durch andere (erfundene) Nomen, Verben und Adjektive.**
- **Erzählen Sie Ihren Mitschülern nun so von Ihrem Abend.**

3 **Stellen Sie Vermutungen darüber an, was Begriffe eigentlich sind und wie sie funktionieren.**

A Die Welt mit Worten erfassen

Begriffsbildung verstehen

1

shutterstock (Aleksandr Kurganov), New York, NY

2

shutterstock (kibri_ho), New York, NY

3

shutterstock (kibri_ho), New York, NY

1 Überlegen Sie: Wozu muss ein Kind verstandesmäßig (kognitiv) in der Lage sein, um auf allen drei Bildern einen „Stuhl" zu erkennen? Was ist also ein STUHL?

2 Stellen Sie dar, was ein Kind auf der sprachlichen Seite verstehen muss, damit es die beiden Lautfolgen [ʃtu:l] und [ʃty:lə] auf „Stuhl" und „Stühle" beziehen kann.

BASISTEXT

Ferdinand de Saussure: Grundfragen der Allgemeinen Sprachwissenschaft

(1967, im Original 1916)

Ferdinand de Saussure (1867–1913) war ein Schweizer Sprachwissenschaftler. Mit seiner linguistischen Zeichentheorie prägte er die Entwicklung der modernen Semiotik.

Während die menschliche Rede in sich verschiedenartig ist, ist die Sprache [...] ihrer Natur nach in sich gleichartig; sie bildet ein System von Zeichen, in dem einzig die Verbindung von Sinn [= „Vorstellung"] und Lautzeichen [= „Lautbild"] wesentlich ist und in dem die beiden Seiten des Zeichens gleichermaßen psychisch sind.

Ferdinand de Saussure: Grundfragen der allgemeinen Sprachwissenschaft. Berlin: Walter de Gruyter, 1967, S. 18.

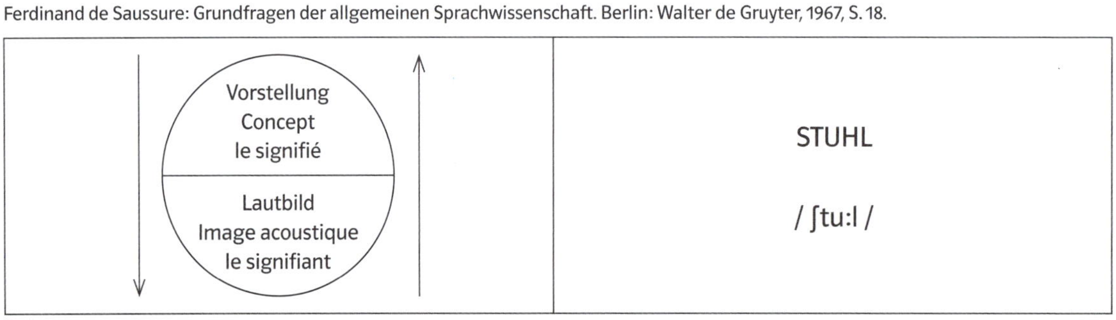

3 Übertragen Sie Ihre Überlegungen zu den Aufgaben 1 und 2 auf das Zeichenmodell de Saussures.

4 Beschreiben Sie einem Mitschüler/einer Mitschülerin möglichst präzise das auf dem Bild dargestellte Objekt. Tauschen Sie sich anschließend darüber aus, ob es sich um einen Stuhl handelt.

In Weil am Rhein stehen überall auf das Stadtgebiet verteilt übergroße Designer-Stühle. Mit diesem Konzept lockt die „Stadt der Stühle" viele Besucher an.
Picture-Alliance (AP Photo), Frankfurt

5 Lassen Sie sich auf das folgende Gedankenexperiment ein und lösen Sie die Aufgaben a) und b).

Eine Sprachgemeinschaft aus dem Urwald Brasiliens, die noch keinen Kontakt mit unserer Kultur hatte, benennt alle Gebrauchsgegenstände nach Material und/oder Funktion. Es entstehen Bezeichnungen wie „Ziegenfell zum Wärmen in der Nacht" oder „Hölzer zum Feuermachen". Die Angehörigen dieser Sprachgemeinschaft setzen sich nicht auf Stühle, sondern dorthin, wo es ihnen gerade bequem ist, also etwa auf den Boden, einen Stein oder einen umgefallenen Baum.

a) Begründen Sie, wie ein Angehöriger dieser Sprachgemeinschaft den abgebildeten Stuhl (1) auf Seite 88 benennen und benutzten würde, wenn er ihn irgendwo in seiner Heimat vorfände.

b) Begründen Sie, wie ein Angehöriger dieser Sprachgemeinschaft das Kunstobjekt „Stuhl" benennen und auch benutzen würde, wenn er es irgendwo in seiner Heimat vorfände.

6 Bestimmt unsere Sprache die Art und Weise, wie wir die Welt wahrnehmen? Diskutieren Sie auf der Grundlage Ihrer Ergebnisse aus Aufgabe 5.

B Über die Beziehung von Sprache und Denken

Erklärungsansätze vergleichen

BASISTEXT

Katrin Weigmann: Beeinflusst Sprache unser Denken? (2017)

iStockphoto (ALotOfPeople), Calgary, Alberta

Sprache sei das „bildende Organ der Gedanken", so formulierte es Anfang des 19. Jahrhunderts der Sprachwissenschaftler Wilhelm von Humboldt (1767–1835). „Die Grenzen meiner Sprache sind die Grenzen meiner Welt", schrieb der Philosoph Ludwig Wittgenstein (1889–1951) etwa ein Jahrhundert später. Sie sahen die Sprache als Grundlage jedes Gedankens – ohne Sprache sei Denken unmöglich.

Dass das ganz so nicht sein kann, wissen wir aus dem Alltag. Wir können komplexe Aufgaben lösen, wie zum Beispiel ein Puzzle zusammensetzen oder – eine beliebte Aufgabe in IQ-Tests – Figuren im Kopf drehen, ohne Sprache zu gebrauchen. Auch Tiere sind zu erstaunlichen Denkleistungen in der Lage, ohne zu sprechen: Affen können beispielsweise lernen, die Länge von Strichen zu vergleichen oder Bilder wiederzuerkennen und per Knopfdruck zu antworten. Und nicht nur das: Neue Erkenntnisse zeigen sogar, dass sie auch Angaben darüber machen können, wie sicher sie sich ihrer Aussagen sind. Sie können regelrechte Wetten darüber abschließen – wenn sie von sich überzeugt sind, setzen sie mehr Punkte, als wenn sie zweifeln. „Metakognition" nennen Wissenschaftler diese Fähigkeit, über das eigene Wissen zu reflektieren – eine Fähigkeit, von der man lange meinte, sie sei strikt sprachgebunden.

Das Denken ohne Sprache hat aber seine Grenzen. Um über komplexe Sachverhalte nachzudenken, benötigen wir ein Wissen, das wir ohne das gesprochene Wort nicht erlangen können. Wir brauchen eine Sprache, um Gedanken zu ordnen. Doch wie stark prägt diese Fähigkeit unser Denken? Können zum Beispiel Chinesen etwas ersinnen, was auf Deutsch undenkbar ist? Ob unterschiedliche Idiome unterschiedliche Gedanken erlauben, bleibt umstritten. Es gibt allerdings etliche Hinweise darauf, dass sprachliche Unterschiede zumindest einen kleinen Einfluss auf unseren Geist haben können.

Wie wir die Welt sehen, hängt teilweise von der Sprache ab – und das im wahrsten Sinn des Wortes: Es gibt etliche Sprachen, wie zum Beispiel Tarahumara, die nicht zwischen „Blau" und „Grün" unterscheiden. Ob wir für diese Farben ein oder zwei Wörter haben, so haben Wissenschaftler herausgefunden, beeinflusst unser subjektives Empfinden für die Ähnlichkeit von Farbschattierungen im grün-blauen Bereich.

Auch ein Konzept für geometrische Formen oder Zahlen scheint bis zu einem gewissen Grad sprachlich beeinflusst zu sein. Den Munduruku, einem indigenen Volk aus dem Amazonasgebiet, fehlen Begriffe für bestimmte geometrische Formen wie beispielsweise „parallel". Wissenschaftler konnten zeigen, dass die Munduruku solche Konzepte dennoch entwickeln, sie aber etwas weniger treffsicher anwenden als Amerikaner. Ein anderes Volk aus dem Amazonasgebiet, die Pirahã, verfügt nur über einen sehr eingeschränkten Wortschatz für Zahlen und kann auch weniger gut zählen als unsereiner. Umstritten ist hier allerdings, was Ursache und was Wirkung ist. Können die Pirahã schlecht zählen, weil ihnen die Worte fehlen, oder ist es vielleicht andersherum – weil sie im Alltag selten zählen, benötigt ihre Sprache auch keine entsprechenden Ausdrücke?

Besser sind die Evidenzen dafür, dass Sprache unseren Orientierungssinn beeinflusst. Hier wurden genügend Bevölkerungsgruppen untersucht, so dass Unterschiede in der Lebensweise als Ursache für unterschiedliches Denken ausgeschlossen werden können. Es gibt Sprachen, zum Beispiel Guugu Yimithirr in Australien oder Tzeltal in Mexiko, die keine Begriffe für „rechts" oder „links" kennen. Als Bezugsrahmen für die Beschreibung der Position von Gegenständen dienen die Himmelsrichtungen – etwa: „Die Brille liegt nordöstlich vom Telefon." Oder: „Da ist eine Ameise auf deinem südlichen Fuß."

Denken Sprecher dieser Sprachen mit einem solchen absoluten Bezugssystem auch anders als wir? Oder beziehen sie sich nur sprachlich auf etwas, was wir zwar denken, aber nicht sagen? Schon allein die Tatsache, dass wir selten wissen, welcher unserer Füße gerade der „südliche" ist, lässt Ersteres vermuten. Und auch wissenschaftliche Untersuchungen, in denen Probanden sprachunabhängige Aufgaben gestellt wurden,

zeigen: Sprecher von Guugu Yimithirr oder Tzeltal tragen – im Gegensatz zu uns – immer einen mentalen Kompass mit sich. Sie „begreifen" die Positionen von Gegenständen anders als wir.
Die Überlegung, dass Wortschatz und Struktur einer Sprache die Denkvorgänge ihrer Sprecher prägen könnten, beschäftigt nicht nur Sprachwissenschaftler und Kognitionsforscher, sondern auch Schriftsteller. In seinem Roman „1984" beschreibt George Orwell (1903–1950), wie in einem totalitären Überwachungsstaat vom herrschenden System eine künstliche Sprache – das so genannte „Neusprech" – vorgeschrieben wird. Der Wortschatz soll so reduziert werden, dass ein differenziertes Denken unmöglich wird. Die Bevölkerung kann niemals an Aufstand denken, weil ihr schlicht die Worte dazu fehlen. Ganz so weit ist es bis 1984 nicht gekommen und wird es wohl auch in Zukunft nicht. Sprache beeinflusst unser Denken, aber eben doch nicht in diesem Ausmaß.

Katrin Weigmann: Beeinflusst Sprache unser Denken? Zitiert nach: http://www.spektrum.de/frage/beeinflusst-sprache-unser-denken/867091 (abgerufen am 13.12.2017).

1 Der Text ist in einem Wissenschaftsmagazin als Reaktion auf die entsprechende Leserfrage erschienen. Beschreiben Sie den Textaufbau und bewerten Sie die Schlüssigkeit der Antwort.

2 „Wie wir die Welt sehen, hängt teilweise von der Sprache ab" (Z. 29). Fassen Sie zusammen, welche Evidenzen für diese Annahme im Text angeführt werden.

BASISTEXT

Benjamin Lee Whorf: Die Irrmeinung von der Beziehungslosigkeit zwischen Sprache und Denken (1963)

Jeder normale Mensch in der Welt, der seine ersten Kinderjahre hinter sich hat, kann sprechen und tut es. Dank dieser Tatsache hat jeder, ob zivilisiert oder unzivilisiert, sein Leben lang gewisse naive, aber tief eingewurzelte Auffassungen vom Sprechen und von seinem Verhältnis zum Denken. Diese Vorstellungen pflegen wegen ihrer festen Verbindung mit Sprachgewohnheiten, die unbewusst und automatisch geworden sind, gegen alle Einwände sehr intolerant zu sein. Sie sind keineswegs etwa völlig subjektiv und zufällig; ihre Grundlage ist eindeutig systematisch. Wir sind daher berechtigt, sie als ein System der natürlichen Logik zu bezeichnen – ein Terminus, der mir besser erscheint als der Begriff des „gesunden Menschenverstandes", den man für die gleiche Sache verwendet.
Für die natürliche Logik ist jeder, der seit seiner Kindheit sprechen kann, seine eigene Autorität hinsichtlich des Prozesses, mit dem er seine Gedanken formuliert und weitergibt. Er hat lediglich ein allgemeines Substrat der Logik oder Vernunft zu befragen, von dem angenommen wird, dass er und jeder andere es besitzen. Die natürliche Logik sagt uns, das Sprechen sei nur ein beiläufiger Vorgang, der ausschließlich mit der Weitergabe, aber nichts mit der Formulierung von Gedanken zu tun habe. Im Sprechen oder beim Gebrauch der Sprache wird angeblich nur „ausgedrückt", was im Wesentlichen bereits unsprachlich formuliert war. Die Formulierung ist ein unabhängiger Vorgang, genannt Denken, der von der Natur der einzelnen Sprachen weitgehend unbeeinflusst sein soll. Sprachen haben Grammatiken, die als bloße Normen konventioneller und gesellschaftlicher Korrektheit angesehen werden. Der Gebrauch wird nicht so sehr von ihnen als vielmehr durch richtiges, vernünftiges oder intelligentes *Denken* geleitet.
Das Denken hängt nach dieser Ansicht nicht von der Grammatik ab, sondern von den Gesetzen der Logik oder Vernunft, die für alle Beobachter des Universums die gleichen sind und etwas Rationales im Universum repräsentieren, das von allen intelligenten Beobachtern „gefunden" werden kann, gleichgültig, ob sie Chinesisch oder Choctaw[1] sprechen.

In: Sprache – Denken – Wirklichkeit. Beiträge zur Metalinguistik und Sprachphilosophie (1956). Hrsg. und übers. v. Peter Krausser. Reinbek bei Hamburg, 1963, S. 58–60. Zitiert nach: Willi Oelmüller et. al.: Diskurs: Sprache. Paderborn: Schöningh, 1991 (UTB 1615), S. 231 f.

1 Choctaw, das: nordamerikanische Indianersprache

3 Stellen Sie dar, welche Position Benjamin Lee Whorf in Bezug auf das Verhältnis von Sprechen und Denken in dem Textausschnitt auf S. 91 wiedergibt.

a) Fassen Sie die Position zusammen.

b) Erläutern Sie, woran Sie erkennen, dass Whorf diese Position nicht selbst vertritt, sondern nur wiedergibt.

AUFBAUTEXT

Wilhelm von Humboldt: Über die Verschiedenheit des menschlichen Sprachbaues und ihren Einfluss auf die geistige Entwicklung des Menschengeschlechts (1836)

Wilhelm von Humboldt zählt zu den kulturgeschichtlich bedeutsamsten deutschen Persönlichkeiten. Neben seinen Verdiensten auf den Gebieten der Bildung, Staatstheorie, Literatur und Kunst trat er vor allem als Sprachforscher in Erscheinung. Der folgende Textauszug stammt aus dem gleichnamigen Werk, in dem er die Gesamtheit seiner sprachphilosophischen Erkenntnisse darlegt.

Wilhelm von Humboldt (1767–1835)

Getty Images (Universal Images Group), München

Die Sprache, in ihrem wirklichen Wesen aufgefasst, ist etwas beständig und in jedem Augenblicke Vorübergehendes. Selbst ihre Erhaltung durch die Schrift ist immer nur eine unvollständige, mumienartige Aufbewahrung, die es doch erst wieder bedarf, dass man dabei den lebendigen Vortrag zu versinnlichen sucht. Sie selbst ist kein Werk *(Ergon)*, sondern eine Tätigkeit *(Energeia)*. Ihre wahre Definition kann daher nur eine genetische sein. Sie ist nämlich die sich ewig wiederholende Arbeit des Geistes, den artikulierten Laut zum Ausdruck des Gedankens fähig zu machen. Unmittelbar und streng genommen, ist dies die Definition des jedesmaligen Sprechens; aber im wahren und wesentlichen Sinne kann man auch nur gleichsam die Totalität dieses Sprechens als die Sprache ansehen. Denn in dem zerstreuten Chaos von Wörtern und Regeln, welches wir wohl eine Sprache zu nennen pflegen, ist nur das durch jenes Sprechen hervorgebrachte einzelne vorhanden und dies niemals vollständig, auch erst einer neuen Arbeit bedürftig, um daraus die Art des lebendigen Sprechens zu erkennen und ein wahres Bild der lebendigen Sprache zu geben. Gerade das Höchste und Feinste lässt sich an jenen getrennten Elementen nicht erkennen und kann nur (was um so mehr beweist, dass die eigentliche Sprache in dem Akte ihres wirklichen Hervorbringens liegt) in der verbundenen Rede wahrgenommen oder geahndet werden. Nur sie muss man sich überhaupt in allen Untersuchungen, welche in die lebendige Wesenheit der Sprache eindringen sollen, immer als das Wahre und Erste denken. Das Zerschlagen in Wörter und Regeln ist nur ein totes Machwerk wissenschaftlicher Zergliederung.

Die Sprachen als eine Arbeit des Geistes zu bezeichnen, ist schon darum ein vollkommen richtiger und adäquater Ausdruck, weil sich das Dasein des Geistes überhaupt nur in Tätigkeit und als solche denken lässt. Die zu ihrem Studium unentbehrliche Zergliederung ihres Baues nötigt uns sogar, sie als ein Verfahren zu betrachten, das durch bestimmte Mittel zu bestimmten Zwecken vorschreitet, und sie insofern wirklich als Bildungen der Nationen anzusehen. [...]

Die Sprache ist das bildende Organ des Gedanken. Die intellektuelle Tätigkeit durchaus geistig, durchaus innerlich und gewissermaßen spurlos vorübergehend, wird durch den Laut in der Rede äußerlich und wahrnehmbar für die Sinne. Sie und die Sprache sind daher eins und unzertrennlich voneinander. Sie ist aber auch in sich an die Notwendigkeit geknüpft, eine Verbindung mit dem Sprachlaute einzugehen; das Denken kann sonst nicht zur Deutlichkeit gelangen, die Vorstellung nicht zum Begriff werden. Die unzertrennliche Verbindung des Gedanken, der Stimmwerkzeuge und des Gehörs zur Sprache liegt unabänderlich in der ursprünglichen, nicht weiter zu erklärenden Einrichtung der menschlichen Natur. [...] Auch bei der Betrachtung des durch die Sprache Erzeugten wird die Vorstellungsart, als bezeichne sie bloß die schon an sich wahrgenommenen Gegenstände, nicht bestätigt. Man würde vielmehr niemals durch sie den tiefen und vollen Gehalt der Sprache erschöpfen. Wie, ohne diese, kein Begriff möglich ist, so kann es für die Seele auch kein Gegenstand sein, da ja selbst jeder äußere nur vermittelst des Begriffes für sie vollendete Wesenheit erhält. In die Bildung und in den Gebrauch der Sprache geht aber notwendig die ganze Art der subjektiven Wahrnehmung der Gegenstände über. Denn das Wort entsteht eben aus dieser Wahrnehmung, ist nicht ein Abdruck des Gegenstandes an sich, sondern des von diesem in der Seele erzeugten Bildes. Da aller objektiven Wahrnehmung unvermeidlich Subjektivität beigemischt ist, so kann man, schon unabhängig von der Sprache, jede menschliche Individualität als einen eignen Standpunkt der Weltansicht betrachten. Sie wird aber noch viel mehr dazu durch die Sprache, da das Wort sich der Seele gegenüber auch wieder, wie wir weiter unten sehen werden, mit einem Zusatz von Selbstbedeutung zum Objekt macht und eine neue Eigentümlichkeit hinzubringt. In dieser, als der eines Sprachlauts, herrscht notwendig in derselben Sprache eine durchgehende Analogie; und da auch auf die Sprache in derselben Nation eine gleichartige Subjektivität einwirkt, so liegt in jeder Sprache eine eigentümliche Weltansicht. Wie der einzelne Laut zwischen den Gegenstand und den Menschen, so tritt die ganze Sprache zwischen ihn und die innerlich und äußerlich auf ihn einwirkende Natur. Er umgibt sich mit einer Welt von Lauten, um die Welt von Gegenständen in sich aufzunehmen und zu bearbeiten. Diese Ausdrücke überschreiten auf keine Weise das Maß der einfachen Wahrheit. Der Mensch lebt mit den Gegenständen hauptsächlich, ja, da Empfinden und Handeln in ihm von seinen Vorstellungen abhängen, sogar ausschließlich so, wie die Sprache sie ihm zuführt. Durch denselben Akt, vermöge dessen er die Sprache aus sich herausspinnt, spinnt er sich in dieselbe ein, und jede zieht um das Volk, welchem sie angehört, einen Kreis, aus dem es nur insofern hinauszugehen möglich ist, als man zugleich in den Kreis einer andren hinübertritt. Die Erlernung einer fremden Sprache sollte daher die Gewinnung eines neuen Standpunkts in der bisherigen Weltansicht sein und ist es in der Tat bis auf einen gewissen Grad, da jede Sprache das ganze Gewebe der Begriffe und die Vorstellungsweise eines Teils der Menschheit enthält. Nur weil man in eine fremde Sprache immer, mehr oder weniger, seine eigne Welt-, ja seine eigne Sprachansicht hinüberträgt, so wird dieser Erfolg nicht rein und vollständig empfunden.

Wilhelm von Humboldt: Über die Verschiedenheit des menschlichen Sprachbaues und ihren Einfluss auf die geistige Entwicklung des Menschengeschlechts (= Einleitung zu: Über die Kawi-Sprache auf der Insel Java), S. 59 f. Zitiert nach: Willi Oelmüller et. al.: Diskurs: Sprache. Paderborn: Schöningh, 1991 (UTB 1615), S. 189 ff.

4 „Die Sprache ist das bildende Organ des Gedanken" (Z. 25). Erläutern Sie diese Aussage vor dem Hintergrund des Textes und setzen Sie sie in Beziehung zu der von Whorf referierten Annahme (S. 91).

5 Erläutern Sie, welchen Zusammenhang Humboldt zwischen der Entstehung von Sprache und deren Gebrauch sieht. Was bedeutet das für das Erlernen von Fremdsprachen? Beziehen Sie die grafische Darstellung in Ihre Überlegung ein und verdeutlichen Sie sich am konkreten Beispiel den Zusammenhang zwischen Begriff (hier das Stuhlhafte von Stühlen = STUHL) und der Bezeichnung (hier „Stuhl").

STUHL	**STUHL**	CHAIR
Stuhl	**Chair**	chair

Mein Wissen sichern und anwenden

Christian Morgenstern: Die Westküsten (1905)

Die Westküsten traten eines Tages zusammen
und erklärten, sie seien keine Westküsten,
weder Ostküsten noch Westküsten –
„dass sie nicht wüssten!“

Sie wollten wieder ihre Freiheit haben
und für immer das Joch des Namens abschütteln,
womit eine Horde von Menschenbütteln
sich angemaßt habe, sie zu begraben.

Doch wie sich befreien, wie sich erretten
aus diesen widerwärtigen Ketten?
„Ihr Westküsten“, fing eine an zu spotten,
„gedenkt ihr den Menschen etwa auszurotten?“

„Und wenn schon!“, rief eine andre schrill.
„Wenn ich seine Magd nicht mehr heißen will?“
„Dann blieben aber immer noch die Atlanten“ –
meinte eine von den asiatischen Tanten.

Schließlich, wie immer in solchen Fällen,
tat man eine Resolution aufstellen.
Fünfhundert Tintenfische wurden aufgetrieben
Und mit ihnen wurde Folgendes geschrieben:

‚Wir Westküsten erklären hiermit einstimmig,
dass es uns nicht gibt, und zeichnen hochachtungsvoll:
Die vereinigten Westküsten der Erde.‘ –
Und nun wollte man, dass die verbreitet werde.

Sie riefen den Walfisch, doch der tat's nicht achten;
sie riefen die Möwen, doch die Möwen lachten;
sie riefen die Wolke, doch die Wolke vernahm nicht;
sie riefen ich weiß nicht was, doch ich weiß nicht was kam nicht.

„Ja, wieso denn, wieso?“, schrie die Küste von Ecuador:
„Wärst du etwa kein Walfisch, du grober Tor?“
„Sehr richtig“, sagte der Walfisch mit vollkommener Ruh:
„Dein Denken, liebe Küste, dein Denken macht mich erst dazu.“

Da war's den Küsten, als säh'n sie sich im Spiegel;
ganz seltsam erschien ihnen plötzlich ihr Gewiegel.
Still schwammen sie heim, eine jede nach ihrem Land.
Und die Resolution, die blieb unversandt.

Christian Morgenstern: Die Westküsten. In: Ausgewählte Gedichte. Bd. 1. Hrsg. v. K. Schumann. Leipzig, Weimar: Kiepenheuer Verlag, 1985, S. 106 f.

1 Erschließen Sie den Inhalt des Gedichts und geben Sie in eigenen Worten wieder, was die Westküsten vorhaben und weshalb sie damit scheitern.

2 Ordnen Sie die Kernaussagen des Gedichts in die Diskussion um den Zusammenhang von Sprache und Denken ein.

6 Die Aktualität der Sapir-Whorf-Hypothese

ein
rnweg

A „Die Grammatik formt den Gedanken“
Die Sapir-Whorf-Hypothese verstehen

B „Die Vase zerbrach sich“
Neue Antworten auf die Sapir-Whorf-Hypothese einordnen

C Manipulation durch Sprache
Die Wirkung von Sprache auf unser Denken bewerten

BPK (Scala), Berlin. © Succession Picasso/VG Bild-Kunst, Bonn 2018
[Pablo Picasso: Woman in blouse in an armchair]

1 **Betrachten Sie das Gemälde und notieren Sie Ihre spontanen Assoziationen.**

2 **Untersuchen Sie das Bild unter Einbeziehung des Titels genauer. Arbeiten Sie hierzu in Gruppen.**

3 **Präsentieren und vergleichen Sie Ihre Ergebnisse im Kurs.**

A „Die Grammatik formt den Gedanken"

Die Sapir-Whorf-Hypothese verstehen

1 Wie viele Farbschattierungen bildet die Farbpalette ab und wie viele davon können Sie benennen? Machen Sie sich still Notizen und tauschen Sie Ihre Ergebnisse im Anschluss in der Lerngruppe aus.

____

____

____

2 Hängt die Wahrnehmung von Farben von deren Bezeichnungen ab? Diskutieren Sie, nachdem Sie die Farbe der folgenden Fläche benannt haben.

Farbe der Fläche: ______________

BASISTEXT

Benjamin Lee Whorf: Die Grammatik formt den Gedanken. Das linguistische Relativitätsprinzip (1963)

Der US-amerikanische Wissenschaftler Benjamin Lee Whorf (1897–1941) war hauptberuflich als Chemie-Ingenieur tätig, widmete sich aber durch die Bekanntschaft mit dem Ethnologen und Linguisten Edward Sapir (1884–1939) nebenberuflich dem Studium der indianischen Sprachen Mittelamerikas. Aus seinen Beobachtungen, insbesondere der Hopi-Sprache, zog Whorf Rückschlüsse auf den Einfluss der Sprache auf das Denken.

Als die Linguisten so weit waren, eine größere Anzahl von Sprachen mit sehr verschiedenen Strukturen kritisch und wissenschaftlich untersuchen zu können, erweiterten sich ihre Vergleichsmöglichkeiten. Phänomene, die bis dahin als universal galten, zeigten Unterbrechungen, und ein ganz neuer Bereich von Bedeutungszusammenhängen wurde bekannt. Man fand, dass das linguistische System (mit anderen Worten die Grammatik) jeder Sprache nicht nur ein reproduktives Instrument zum Ausdruck von Gedanken ist, sondern vielmehr selbst die Gedanken formt, Schema und Anleitung für die geistige Aktivität des Individuums ist, für die Analyse seiner Eindrücke und für die Synthese dessen, was ihm an Vorstellungen zur Verfügung steht. Die Formulierung von Gedanken ist kein unabhängiger Vorgang, der im alten Sinne dieses

Wortes rational ist[1], sondern er ist beeinflusst von der jeweiligen Grammatik. Er ist daher für verschiedene Grammatiken mehr oder weniger verschieden. Wir gliedern die Natur an Linien auf, die uns durch unsere Muttersprachen vorgegeben sind. Die Kategorien und Typen, die wir aus der phänomenalen Welt[2] herausheben, finden wir nicht einfach in ihr – etwa weil sie jedem Beobachter in die Augen springen; ganz im Gegenteil präsentiert sich die Welt in einem kaleidoskopartigen Strom von Eindrücken, der durch unseren Geist organisiert werden muss – das aber heißt weitgehend: von dem linguistischen System in unserem Geist. Wie wir die Natur aufgliedern, sie in Begriffen organisieren und ihnen Bedeutung zuschreiben, das ist weitgehend davon bestimmt, dass wir an einem Abkommen beteiligt sind, sie in dieser Weise zu organisieren – einem Abkommen, das für unsere Sprachgemeinschaft gilt und in den Strukturen unserer Sprache kodifiziert[3] ist. Dieses Übereinkommen ist natürlich nur ein implizites und unausgesprochenes, *aber sein Inhalt ist absolut obligatorisch*; wir können überhaupt nicht sprechen, ohne uns der Ordnung und Klassifikation des Gegebenen zu unterwerfen, die dieses Übereinkommen vorschreibt.

Diese Tatsache ist für die moderne Naturwissenschaft von großer Bedeutung. Sie besagt, dass kein Individuum die Freiheit hat, die Natur mit völliger Unparteilichkeit zu beschreiben, sondern eben, während es sich am freiesten glaubt, auf bestimmte Interpretationsweisen beschränkt ist. Die relativ größte Freiheit hätte in dieser Beziehung ein Linguist, der mit sehr vielen äußerst verschiedenen Sprachsystemen vertraut ist. Bis heute findet sich noch kein Linguist in dieser Position. Wir gelangen aber zu einem neuen Relativitätsprinzip, das besagt, dass nicht alle Beobachter durch die gleichen physikalischen Sachverhalte zu einem gleichen Weltbild geführt werden, es sei denn, ihre linguistischen Hintergründe sind ähnlich oder können in irgendeiner Weise auf einen gemeinsamen Nenner gebracht werden.

Dieser ziemlich überraschende Schluss wird nicht so deutlich, wenn wir nur unsere modernen europäischen Sprachen miteinander vergleichen und vielleicht zur Sicherheit noch Latein und Griechisch dazunehmen. [...] Deutlicher wird die Divergenz in der Analyse der Welt, wenn wir das Semitische, Chinesische, Tibetanische oder afrikanische Sprachen unseren eigenen gegenüberstellen. Bringen wir gar die Eingeborenensprachen Amerikas hinzu, wo sich einige tausend Jahre lang Sprachgemeinschaften unabhängig voneinander und von der Alten Welt entwickelt haben, dann wird die Tatsache, dass Sprachen die Natur in vielen verschiedenen Weisen aufgliedern, unabweisbar. Die Relativität aller begrifflichen Systeme, das unsere eingeschlossen, und ihre Abhängigkeit von der Sprache werden offenbar. Dass amerikanische Indianer, die nur ihre Eingeborenensprache beherrschen, niemals als wissenschaftliche Beobachter herangezogen werden, ist hier völlig irrelevant. Das Zeugnis auszuschließen, welches ihre Sprachen über das ablegen, was der menschliche Geist tun kann, wäre ebenso falsch, wie von den Botanikern zu fordern, sie sollten nur Gemüsepflanzen und Treibhausrosen studieren, uns dann aber berichten, wie die Pflanzenwelt aussieht.

In: Sprache – Denken – Wirklichkeit. Beiträge zur Metalinguistik und Sprachphilosophie (1956). Hrsg. und übers. v. Peter Krausser. Reinbek bei Hamburg, 1963, S. 58–60. Zitiert nach: Willi Oelmüller et. al.: Diskurs: Sprache. Paderborn: Schöningh, 1991 (UTB 1615), S. 231 f.

3 Erläutern Sie das „neue Relativitätsprinzip" (Z. 25 f.) von Benjamin Lee Whorf und stellen Sie dar, auf welcher Grundannahme es beruht.

4 Stellen Sie dar, wie nach Whorf maximale Objektivität bei der Betrachtung der Welt zu erreichen wäre.

1 rational: hier: auf das bloße Denken bezogen 2 phänomenal: hier: durch die Sinne wahrnehmbar 3 kodifizieren: festlegen, regeln

AUFBAUTEXT

John Lyons: Die Sapir-Whorf-Hypothese (1992)

*John Lyons (*1932) ist ein britischer Sprachwissenschaftler und lehrte an der Universität in Cambridge.*

So, wie sie üblicherweise dargestellt wird, verbindet die Sapir-Whorf-Hypothese sprachlichen Determinismus („Die Sprache bestimmt das Denken.“) mit sprachlicher Relativität („Der strukturellen Unterschiedlichkeit von Sprachen sind keine Grenzen gesetzt.“). In ihrer extremsten Fassung kann die Sapir-Whorf-Hypothese folgendermaßen formuliert werden:

a) Wir sind in allem unserem Denken und für immer „der bestimmten Sprache ausgeliefert, die Ausdrucksmedium für [unsere] Gesellschaft geworden ist“, weil wir nur „sehen und hören und auf andere Weise wahrnehmen können“ in Form der Kategorien und Unterscheidungen, die in der Sprache kodiert sind;
b) die in einem Sprachsystem enkodierten Unterscheidungen sind allein diesem System eigen und mit denen anderer Systeme nicht vereinbar.

[...] Vermutlich würde heutzutage niemand mehr die Thesen vom Determinismus und von der Relativität in ihren extremen Fassungen verfechten. Aber es lässt sich vieles zugunsten einer abgeschwächten – und philosophisch weniger interessanten – Fassung der Sapir-Whorf-Hypothese sagen, in der die beiden sie konstituierenden Thesen in modifizierter Form auftauchen. [...]

Es ist allgemein bekannt, dass der Wortschatz einer Sprache in der Regel dazu neigt, im Vergleich zu dem einer anderen, mehr oder weniger nicht-isomorph[1] zu sein. Je nachdem, wieweit dies der Fall ist, werden einige Dinge in einer Sprache leichter kodierbar sein als in einer anderen. Ebenso wie die Eskimosprache offenbar kein einzelnes Wort für Schnee, sondern viele verschiedene Wörter für verschiedene Arten von Schnee hat, verfügen beispielsweise die meisten australischen Sprachen anscheinend über kein Wort mit der Bedeutung „Sand“; stattdessen bezeichnet eine Reihe von Wörtern verschiedene Arten von Sand. Der Grund dafür ist in beiden Fällen offensichtlich. Der Unterschied zwischen der einen oder anderen Art Schnee oder Sand ist von großer Bedeutung für das alltägliche Leben der Eskimos einerseits und der australischen Ureinwohner andererseits. Sprecher des Deutschen, die nicht gerade die Küstenregion oder den Alpenraum bewohnen, verfügen über keine spezifischeren Wörter als „Sand“ und „Schnee“. Handelt es sich bei ihnen jedoch beispielsweise um Skiläufer, die vielleicht ähnlich wie der Eskimo an den verschiedenen Formen von Schnee interessiert sind, so werden sie Ausdrücke wie „Pulverschnee“, „verharschter Schnee“ usw. verwenden [...].

Als die Sapir-Whorf-Hypothese in den fünfziger Jahren durch Psychologen weiter verfolgt wurde, konnte aufgezeigt werden, dass die größere Kodierbarkeit bestimmter Farbunterscheidungen in einer Sprache im Vergleich zu einer anderen die erwartete Auswirkung auf Wahrnehmung und Gedächtnis hatte. Man verglich zwei Gruppen von Sprechern des Zuni, einer amerikanischen Indianersprache, in der der Unterschied zwischen gelb und orange nicht kodiert ist, mit einer Gruppe von Sprechern des Englischen. Mitglieder der ersten Gruppe, die nur Zuni sprachen, hatten größere Schwierigkeiten als Sprecher der zweiten Gruppe, die Zuni und Englisch sprachen, und als die Angehörigen der nur Englisch sprechenden dritten Gruppe, wenn es darum ging, nach einer gewissen Zeit Objekte wiederzuerkennen, deren Farbe zwar leicht im Englischen, nicht aber in Zuni kodierbar war. Gleichwohl bedeutete dies nicht, dass die Zunisprecher den Unterschied zwischen einem gelben und einem orangenfarbigen Objekt nicht wahrnehmen konnten, wenn sie zu einem Vergleich aufgefordert wurden. [...]

[V]iele der Konzepte und Begriffe, mit denen wir arbeiten, sind kulturell determiniert, in dem Sinn, dass ihre Verständlichkeit vom Vorhandensein praktischen und theoretischen gesellschaftlich vermittelten Wissens abhängig ist und dass sie von Kultur zu Kultur bedeutende Abweichungen aufweisen. Man betrachte zum Beispiel solche Konzepte wie „Ehrlichkeit“, „Sünde“, „Verwandtschaft“, „Ehre“ usw. Es ist eine allgemein anerkannte Tatsache, dass sich kulturabhängige Konzepte dieser Art, um es ganz vorsichtig zu formulieren, in bestimmten Sprachen leichter wiedergeben lassen als in anderen. Vertreter der These von der linguistischen Relativität würden sagen, dass es ein Wesensmerkmal vieler in Sprachen festzustellender Unterschiede im Bereich der grammatischen und lexikalischen Struktur sei, dass manches, was in einer Sprache gesagt werden kann, in einer anderen Sprache nicht ausgedrückt werden kann. [...]

Nicht allein die Unterschiede in der lexikalischen Struktur (zu deren hervorstechendsten die *lexikalischen Lücken* gehören: das Fehlen eines geeigneten Wortes) machen die Übersetzung aus einer Sprache in die andere schwierig und zuweilen unmöglich. Es ist möglich und trifft sogar oft zu, dass Sprachen hinsichtlich semantisch relevanter Kategorien wie Tempus, Modus und Numerus grammatisch nicht-isomorph sind.

---

1 isomorph: gleich aufgebaut, gleich strukturiert

Diese Tatsache ist vielleicht aus philosophischer Sicht nicht so bedeutsam, wie Whorf und seine Anhänger glaubten [...]. Sie hat aber, was die Übersetzbarkeit betrifft, weitgehend dieselben Auswirkungen wie der Nicht-Isomorphismus auf lexikalischer Ebene. [...]
In seiner äußerst einflussreichen Einführung, die er zu dem „Handbook of American Indian Languages“ beitrug, betonte Boas[2] (1911) sowohl die lexikalischen als auch die grammatischen Strukturunterschiede. [...] In Hinblick auf die grammatischen Unterschiede wählte er den einfachen englischen Satz “The man is sick“ (dt.: „Der Mann ist krank“/ „Dem Mann ist übel“) und zeigte auf, wie bei dessen Übersetzung in drei verschiedene amerikanische Indianersprachen (Kwakiutl, Eskimo und Ponca) der Übersetzer gezwungen werden würde, Informationen hinzuzufügen (und zwar in jeder Sprache andere Informationen), die im ursprünglichen Satz nicht enthalten sind: Er müsste beispielsweise durch die Entscheidung für eine bestimmte grammatische Kategorie anstelle einer anderen ausdrücken, ob der Sprecher die genannte Person sehen kann oder nicht; ob sie auf dem Rücken liegt, ruht oder sich bewegt usw., oder ob der Sprecher selbst sich für die Wahrheit der Information verbürgen kann, weil er selbst Augenzeuge war, oder ob er sich nur auf die Aussage eines Dritten beruft.
In der Nachfolge Boas` haben viele andere Linguisten, darunter auch Sapir und Whorf, in verschiedenen Veröffentlichungen dieselbe Grundthese vertreten und ihre Gültigkeit überzeugend nachgewiesen. Wofür jedoch kein Beweis erbracht wurde, ist, dass es eine Beziehung zwischen unterschiedlicher grammatischer Struktur und unterschiedlicher Denkungsart der Sprecher verschiedener Sprachen gibt. Vorausgesetzt, wir übernehmen und betonen diese wesentliche Einschränkung, so müssen wir uns, auf der Grundlage der bisherigen Forschungsergebnisse, einer modifizierten Fassung der These von der linguistischen Relativität anschließen.

John Lyons: Die Sapir-Whorf-Hypothese. In: Ders.: Die Sprache. Übersetzt und ans Deutsche angepasst durch Christoph Gutknecht. München: C. H. Beck, 1992, S. 269 ff.

5 Klären Sie, was Lyons meint, wenn er Sprachen als „nicht-isomorph“ (Z. 15) bezeichnet. Auf welche Bereiche von Sprache bezieht er sich dabei?

6 Erläutern Sie, weshalb sich Lyons nur einer „modifizierten Fassung der These von der linguistischen Relativität“ (Z. 69) anschließen möchte und wie diese aussieht. Berücksichtigen Sie dabei Lyons Ansichten zur kulturellen Determiniertheit von Sprache.

WISSEN

Die Sapir-Whorf-Hypothese

Unter dem Einfluss seines Lehrers, dem US-amerikanischen Linguisten und Ethnologen Edward Sapir (1884–1939), und seiner Beschäftigung mit nordamerikanischen Indianersprachen entwickelte Benjamin Lee Whorf (1897–1941) die **linguistische Relativitätshypothese**, auch Sapir-Whorf-Hypothese genannt. Diese besagt, dass unser Denken und somit auch die Art und Weise, wie wir die Welt wahrnehmen, von den Strukturen unserer Sprache (Wortschatz und Grammatik) beeinflusst wird. In der strengsten Auslegung der Hypothese geht man davon aus, dass Sprache unsere Weltsicht bestimmt (**Sprachdeterminismus**).
Die Hypothese wurde nach dem Tod Whorfs aus dessen Schriften abgeleitet und regt bis heute immer wieder Debatten über das Verhältnis von Sprache und Denken an.

2 Franz Boas (1858–1942): aus dem westfälischen Minden stammender Sprachwissenschaftler und Geograf

B # „Die Vase zerbrach sich"
Neue Antworten auf die Sapir-Whorf-Hypothese einordnen

In einem Experiment im Jahr 2010 spielten die Kognitionsforscherinnen Lera Boroditsky und Caitlin Fausey englischen und spanischen Muttersprachlern kurze Filmsequenzen vor, in denen Menschen Gegenstände absichtlich oder unabsichtlich kaputt machten. Das Ergebnis: Während die englischsprachigen Probanden die Szenen im Nachhinein immer mit „She broke the vase" (dt. „Sie zerbrach die Vase") beschrieben, erinnerten die spanischen Muttersprachler, unabhängig ob es sich um Vorsatz oder ein Missgeschick handelte, die Situation mit „Se rompió el florero" (dt. „Die Vase zerbrach sich").

iStockphoto (PeopleImages), Calgary, Alberta

1 Diskutieren Sie, welche Rückschlüsse sich aus dem Experiment von Boroditsky und Fausey über das Verhältnis von Sprache und Denken ziehen lassen.

BASISTEXT

Klaus Wilhelm: Gedacht wie gesprochen (2015)

Lera Boroditsky bewegt ihre Hand in Richtung einer Kaffeetasse, die vor ihr auf dem Schreibtisch steht. „Wenn ich die Tasse jetzt berühre und sie hinunterfällt, würde ein englischsprachiger Beobachter sagen: Sie hat die Tasse umgeschmissen. Selbst wenn es nur ein Versehen war!" Im Japanischen, erklärt die junge Forscherin von der Stanford University weiter, zähle dagegen die Absicht. Wenn jemand mutwillig eine Tasse umwerfe, komme eine andere Verbform zum Einsatz, als wenn es sich um einen Unfall gehandelt habe. „Die Tasse ist von selbst umgefallen", würde es dann sinngemäß heißen.

Linguisten verzeichnen dies als weitere Besonderheit mancher der etwa 7 000 Sprachen der Welt. Doch Boroditsky ist Kognitionswissenschaftlerin und interessiert sich dafür, was solche Unterschiede über den Geist aussagen. „Sprachliche Merkmale beeinflussen, wie sich Menschen an vergangene Ereignisse erinnern", erklärt die Forscherin.

Das habe zum Beispiel Konsequenzen für die Glaubwürdigkeit von Augenzeugen. Zusammen mit ihrer Mitarbeiterin Caitlin Fausey veröffentlichte Boroditsky 2010 und 2011 zwei Studien, in denen US-Amerikaner, Spanier und Japaner unter einem Vorwand verschiedene Filme zu sehen bekamen. Zwei Schauspieler brachten darin Ballons zum Platzen, zerstörten Eier und verschütteten Getränke, entweder mutwillig oder anscheinend unabsichtlich. Kurz darauf sollten die Versuchspersonen angeben, was sie in den Videos beobachtet hatten – so, als würden sie als Zeugen vor Gericht aussagen.

Tatsächlich wirkte sich die Muttersprache der Probanden auf deren Erinnerungen aus. Wenn sie etwa gefragt wurden, welcher der beiden Männer den Ballon zum Platzen gebracht hatte, erinnerten sich Sprecher aller Nationalitäten gleich gut – aber nur, wenn der Schuldige dem Anschein nach mutwillig gehandelt hatte. Bei Unfällen indes konnten sich die spanischen und japanischen Muttersprachler schlechter als die amerikanischen Probanden erinnern, welche der beiden Personen sie verursacht hatte. Ihr Gedächtnis funktionierte ansonsten jedoch genauso gut wie das der englischsprachigen Teilnehmer, wie Kontrollversuche bewiesen.

Sprache beeinflusst also offenbar, wie wir etwas wahrnehmen und wie gut wir uns daran erinnern. Oder provokanter formuliert: Amerikaner unterstellen anderen Menschen eher eine Absicht als Spanier oder Japaner. [...] „Allein die Wortwahl", sagt Boroditsky, „verändert, wie wir über einen Vorfall denken." Daher fragt sich die Psychologin, ob die feinen Unterschiede zwischen den Sprachen – etwa, ob sie Geschehnisse vorzugsweise mit einem handelnden Akteur beschreiben oder nicht – die kognitiven Prozesse ihrer Sprecher grundlegend beeinflussen. Interpretiert ein Spanisch sprechender Richter einen Satz wie „Das Gewehr ging los" anders als ein Englisch sprechender? Leben Menschen mit unterschiedlichen Muttersprachen gar gedanklich in verschiedenen Welten?

Davon waren die US-Wissenschaftler Edward Sapir (1884–1939) und Benjamin Whorf (1897–1941) überzeugt. Sie schufen in den 1930er Jahren die nach ihnen benannte Sapir-Whorf-Hypothese. Die Annahme: Da Sprache die Art unseres Denkens fundamental präge, sollten Sprecher verschiedener Sprachen die Welt unterschiedlich wahrnehmen.

In der Folgezeit sammelten Forscher einige Daten, die diese Idee zu stützen schienen. So gebrauchen etwa die Zuni, ein Indianerstamm aus Nordamerika, dasselbe Wort für Gelb und Orange. Tatsächlich konnten sie sich in einer Studie schlechter als weiße US-Amerikaner daran erinnern, ob ein zuvor gesehenes Objekt gelb oder orange war. Doch spätestens Anfang der 1970er Jahre begann das empirische Fundament der Theorie zu bröckeln. Obwohl beispielsweise die Dani aus Neuguinea nur zwei Farbwörter kennen (in etwa „hell" und „dunkel"), zeigten Experimente der Psychologin Eleanor Rosch von der University of California in Berkeley, dass sie farbliche Nuancen genauso differenziert wie englische Muttersprachler wahrnehmen. Gleichzeitig gewann die Idee des berühmten Linguisten Noam Chomsky an Einfluss, wonach alle Menschen durch die gleiche universelle Denkstruktur vereint seien – unabhängig von ihrer jeweiligen Muttersprache. Die Sprachen auf der Welt drückten demnach immer dieselben Gedanken aus, nur eben in unterschiedlicher Weise.

Bis zum Ende des 20. Jahrhunderts investierten Forscher folglich kaum noch Mühe darin, die Sapir-Whorf-Hypothese zu prüfen.

Doch Boroditsky und andere Neowhorfianer glauben nicht, dass Sprache und Denken ganz unabhängig voneinander sind. In immer neuen Experimenten sammeln sie Indiz um Indiz für subtile kognitive Unterschiede zwischen Menschen mit verschiedenen Muttersprachen. [...]

Diese feinen Unterschiede sind vermutlich nicht nur auf Farben beschränkt – immerhin unterscheiden sich die Sprachen der Erde auf unzählige Arten. So auch bei den Begriffen von Richtungen und räumlichen Dimensionen. Die Thaayorre, ein Aborigine-Volk aus dem Norden Australiens, kennen keine Bezeichnungen für rechts und links, vorne oder hinten. Räumliche Verhältnisse definieren sie nicht vom Standpunkt des Beobachters aus, sondern ausschließlich über Himmelsrichtungen wie westlich, östlich, nördlich und südlich – egal in welchem Maßstab! Eine Ameise kann also westlich von der nördlichen Hand eines Menschen krabbeln und eine Tasse südlich des Tellers stehen. Wer so spricht, muss ständig im räumlichen Koordinatensystem orientiert sein, sonst klappen einfachste Unterhaltungen nicht.

In der Tat können Thaayorre fast immer exakt angeben, wo sie sich gerade befinden, allemal besser als die Vertreter anderer Aborigine-Stämme, die zwar in der gleichen Umgebung wohnen, deren Sprache aber keine Angaben von absoluten Richtungen erfordert. Was die Thaayorre zu dieser erstaunlichen kognitiven Leistung befähige, sei ihre Sprache, so Boroditsky.

Nun sind aber räumliche Verhältnisse zentral für unser Denken, denn wir bauen andere, komplexere Vorstellungen darauf auf: Töne sind hoch oder tief, politische Einstellungen links oder rechts. Menschen können eine niedere Moral offenbaren und Hochgefühle erleben. Dasselbe gilt für unser Zeiterleben. Stellen Sie sich eine Zeitleiste Ihres Lebens vor, mit der Geburt an einem Ende, der Gegenwart am anderen! Verläuft die Linie, die Sie gerade gedanklich zusammenbasteln, horizontal von links nach rechts? Die meisten Muttersprachler des Deutschen oder des Englischen folgen diesem Prinzip: weit links die entsetzliche Matheprüfung im Abitur damals, weiter rechts die sensationelle Asienreise, noch weiter rechts der erste Familienurlaub.

Die Linguistin Alice Gaby hat gemeinsam mit Lera Boroditsky 14 Muttersprachler der Thaayorre-Sprache untersucht, sieben Frauen und sieben Männer im Alter zwischen 40 und 70 Jahren. Zuerst bekamen die Probanden verschiedene Kartensets vorgelegt, von denen jedes eine zeitliche Abfolge darstellte: etwa einen Mann in verschiedenen Lebensphasen vom Kleinkind bis zum Greis oder eine immer weiter abgebissene Banane. Die Aborigines sollten die Bilder jeweils in die richtige zeitliche Reihenfolge bringen.

In der zweiten Teilstudie legten die Forscherinnen einen Stein auf den Boden, der „heute" symbolisieren sollte. Nun baten sie die Testpersonen, „gestern" und „morgen" mit weiteren Steinen zu markieren. Während jeder Aufgabe wechselten die Probanden ihre Sitzposition, so dass ihr Kopf stets in eine andere Richtung wies. Ergebnis: Fast alle Thaayorre stellten die Zeit von Osten nach Westen verlaufend dar, so dass die „Zeitleiste“ stets die Richtung wechselte, je nachdem wie die Probanden saßen. Wies der Kopf beispielsweise nach Norden, floss die Zeit von rechts nach links, bei östlicher Ausrichtung dagegen auf den Körper zu. Für alle 14 Teilnehmer einer Kontrollgruppe aus den USA schritt die Zeit dagegen immer von links nach rechts fort. Warum? Vergleiche mit anderen Kulturen zeigen, dass etwa Mandarin sprechende Chinesen sich die Zeit vertikal vorstellen. Geschehnisse aus der Vergangenheit sortieren sie nach oben, zukünftige Ereignisse möglichst weit nach unten. Offenbar hängen solche abstrakten Vorstellungen auch davon ab, in welcher Richtung wir unsere Schriftsprache lesen und schreiben. In einem zweiten Experiment behinderten die Forscher die natürliche Denkweise von Mandarinsprechern, indem diese etwa Objekte horizontal anordnen mussten. Dabei konnten sie Fragen nach Zeitfolgen wie „Kommt der November vor oder nach dem Oktober?“ nicht mehr so schnell und sicher beantworten. Analog verlief der Versuch mit englischen Muttersprachlern, die von oben nach unten sortieren mussten. Die Richtung des Schreibens und unsere Zeitvorstellung scheinen also eng verknüpft zu sein. Hindert man Probanden daran, sich die Richtung räumlich vorzustellen, bringt das auch ihre Zeitwahrnehmung aus dem Lot. Um ihre These vom sprachlich beeinflussten Denken weiter zu erhärten, lehrte Boroditsky manche Probanden im Labor, unterschiedlich über Zeit zu sprechen. Beispielsweise sollten Sprecher des Englischen die Reihenfolge von Ereignissen mit einer vertikalen Metapher beschreiben. „Anschließend ähnelte ihre Zeitwahrnehmung stärker der von Mandarinsprechern“, sagt Boroditsky. „Wenn wir eine neue Sprache lernen, machen wir uns also tatsächlich auch eine neue Denkweise zu eigen.“

Klaus Wilhelm: Gedacht wie gesprochen. In: Gehirn und Geist – das Magazin für Psychologie und Hirnforschung aus dem Verlag Spektrum der Wissenschaft. Heft 1: Sprache und Denken. 2. Auflage. Heidelberg: Spektrum, 2015, S. 78–83.

2 Begründen Sie, weshalb Lera Boroditsky im Text als „Neowhorfianerin“ (Z. 47) bezeichnet wird. Erläutern Sie dazu ihren Ansatz im ideengeschichtlichen Zusammenhang.

3 Analysieren Sie, ob und inwiefern die im Text aufgeführten Beispiele geeignet sind, die Sapir-Whorf-Hypothese zu stützen. Diskutieren Sie Ihre Ergebnisse untereinander.

Beispiel	Inwiefern stützt das Beispiel die Sapir-Whorf-Hypothese?
Wiedergabe des Ballon-Videos (Z. 11 ff.)	
Bezeichnung für räumliche Verhältnisse (Z. 51 ff.)	
zeitliche Abfolgen bei Mandarinsprechern und englischen Muttersprachlern (Z. 82 ff.)	

B

Der US-amerikanische Sprachwissenschaftler Daniel Everett (*1951) hat mehrere Jahre die Sprache der Pirahã, einer indigenen Bevölkerungsgruppe im Amazonasgebiet, erforscht. Seine Beobachtungen bestimmter Eigenheiten der Pirahã-Sprache veröffentlichte er in seinem Buch „Die größte Erfindung der Menschheit. Was mich meine Jahre am Amazonas über das Wesen der Sprache gelehrt haben“. Everetts darin geäußerte Thesen lösten eine heftige öffentliche Debatte aus.

Coverillustration nach Daniel Everett, Die größte Erfindung der Menschheit, erschienen in der Deutschen Verlags-Anstalt, München in der Verlagsgruppe Random House GmbH

AUFBAUTEXT

Wolfgang Krischke: Ist die Grammatik eine Sache der Kultur? (Teil 1, 2013)

Daniel Everett verficht seine These, dass die Verschiedenheit der Sprachen in unterschiedlichen Lebensformen wurzle – und übergeht dabei die Argumente seiner Kritiker.

Bekannt geworden durch seine linguistischen Forschungen im Amazonas-Becken, präsentiert Daniel Everett in seinem neuen Buch die menschlichen Sprachen als Werkzeuge, die nur zu erklären sind, wenn man sie als kulturelle Produkte begreift. Auf den ersten Blick ist das keine Neuigkeit: Dass sich die Kultur, von der Religion bis zur Technik, im Wortschatz und in den Metaphern einer Sprache niederschlägt, liegt auf der Hand. Aber Everett geht weiter: Für ihn ist auch die Grammatik bis in die Details der Flexion und des Satzbaus hinein ein Produkt der Lebensumstände, der Werte und der Weltwahrnehmung einer Gesellschaft. Die großen strukturellen Unterschiede zwischen den Sprachsystemen spiegeln also die Verschiedenheit kultureller Welten.

Damit stellt sich Everett gegen eine naturalistisch geprägte Auffassung von Sprache, wie sie von prominenten Linguisten wie Noam Chomsky und Stephen Pinker vertreten wird: Für sie ist Sprache im Kern kein gesellschaftlich geformtes Werkzeug, sondern ein neurobiologisch verankerter „Instinkt“, der bewirkt, dass Kindern in einer normalen sprachlichen Umgebung ihre Muttersprache von selbst zuwächst. Alle Sprachen beruhen danach auf derselben Universalgrammatik, quasi ein Lego-Kasten, der für jede Sprache denselben Bausatz bereithält. Nur welche Steine ausgewählt und wie sie zusammengesteckt werden, variiert in gewissen Grenzen. Die scheinbar enormen Unterschiede zwischen den Sprachen entpuppen sich in dieser Perspektive als oberflächliche Erscheinungen, Arabisch, Latein oder Deutsch schrumpfen zu Dialekten ein und derselben Welt-Sprache. [...]

Zwar leugnet auch Everett nicht, dass das Sprachvermögen im Gehirn verankert ist. Aber er sieht hier kein autonomes Sprachzentrum am Werk, sondern ein Bündel allgemeiner kognitiver Fertigkeiten, die unter anderem auch Sprache ermöglichen und die über ganz unterschiedliche Hirnregionen verteilt sind. Zu diesen Kompetenzen gehören das Erfassen von Kausalitäten, die Verarbeitung schneller Sequenzen, die Unterscheidung von Gestalten und Hintergründen und die Fähigkeit, sich in die Gedanken anderer zu versetzen. Eine entscheidende Rolle spielt für Everett die „Intentionalität“ – worunter er die Fähigkeit versteht, Zeichen zu verwenden, um sich mit ihnen auf etwas zu beziehen. So anregend Everetts Streifzüge durch die verschiedenen Gebiete der Sprach- und Kognitionsforschung sind – zu vieles bleibt unverbunden und zu stark an der Oberfläche. Zudem vernachlässigt er viele Besonderheiten des kindlichen Spracherwerbs, die mittlerweile ausgiebig erforscht sind.

Die entscheidende Erkenntnisquelle, aus der sich Everetts antiuniversalistische Stoßrichtung speist, sind seine jahrzehntelangen Feldforschungen zur Sprache der Pirahã, eines wenige hundert Mitglieder zählenden Volkes an einem Nebenfluss des Amazonas. Ihnen widmete er sein vor drei Jahren auf Deutsch erschienenes Buch über „Das glücklichste Volk“. Everett war als evangelikaler Missionar zu den Pirahã gekommen. Seinen christlichen Glauben verlor er im Laufe der Zeit, aber er blieb als Linguist und wurde so zu einem der ganz wenigen Kenner dieser Sprache. Was sich ihm im Laufe der Jahre enthüllte, war eine Sprache, die zwar außerordentlich komplexe Wortstrukturen und Intonationsverläufe aufweist, die aber in anderer Hinsicht erstaunlich einfach ist und – aus dem Blickwinkel europäischer Sprachen – elementare Lücken aufweist.

So gibt es Everett zufolge im Pirahã keine eigenständigen Farbbezeichnungen, sondern nur behelfsmäßige Augenblicksbildungen wie „undurchsichtiges Auge“ oder „durchsichtiges Auge“ für Schwarz und Weiß oder „es ist wie Blut“ für Rot. Ein Pronominalsystem existiert nur rudimentär, Wörter für zeitliche Verhältnisse sind ebenfalls ausgesprochen spärlich, grammatische Vergangenheitsformen fehlen ganz. Zu den erstaunlichsten Befunden gehört der völlige Mangel an Zahlwörtern. Unter Linguisten sorgte für besonders viel Aufsehen, dass das Pirahã nicht einmal über „Rekursivität" verfügen soll: Damit ist die Möglichkeit gemeint, untergeordnete in übergeordnete grammatische Strukturen einzubetten, wie es zum Beispiel durch die Verbindung von Haupt- und Nebensätzen geschieht oder durch die Verschränkung präpositionaler Satzteile (in der Kiste auf dem Tisch).

Everett betont, dass die vermeintliche „Mängelliste" weder von der Primitivität der Sprache noch von der mangelnden Intelligenz ihrer Sprecher zeuge. Für ihn ist hier vielmehr eine Kultur wirksam, die vom „Prinzip der unmittelbaren Erfahrung" geprägt ist. Für die Pirahã zähle nur das, was im Hier und Jetzt wahrzunehmen ist oder was andere aus ihrem Umkreis erlebt haben und beglaubigen können. [...]

Prägen die Besonderheiten ihrer Sprache nun auch die Denk- und Wahrnehmungsweisen der Pirahã, wie die berühmt-berüchtigte Hypothese des Linguisten Benjamin Whorf von der sprachlichen Determiniertheit der Weltbilder behauptet? Everetts Antwort fällt differenziert aus: In den Erzählungen der Pirahã entdeckt er durchaus rekursives Denken, auch wenn die entsprechenden Konstruktionen in der Grammatik nicht vorkommen. Auch die Farbwahrnehmung unterscheidet sich nicht wesentlich von der in Sprachgemeinschaften mit einem ausgebauten Farbwortschatz. Das Konzept der Zahlen und des Rechnens allerdings scheint den Pirahã trotz mehrerer Unterrichtsversuche zutiefst fremd zu bleiben.

Wolfgang Krischke: Ist die Grammatik eine Sache der Kultur? Zitiert nach: http://www.faz.net/aktuell/feuilleton/buecher/rezensionen/sachbuch/daniel-everett-die-groesste-erfindung-der-menschheit-ist-die-grammatik-eine-sache-der-kultur-12241407.html (abgerufen am 27.09.2017).

4 Arbeiten Sie aus der Rezension zum Buch von Daniel Everett heraus, welche Merkmale die Sprache der Pirahã aufweist und wie der Sprachforscher sie bewertet.

Merkmale der Pirahã-Sprache:

Bewertung durch Everett:

5 Setzen Sie Everetts Thesen, Chomskys Universalgrammatik und Boroditskys Forschungsergebnisse in Beziehung zur Sapir-Whorf-Hypothese.

6 **PLUS** Recherchieren Sie, was mit dem Konzept der „geteilten Intentionalität" gemeint ist, und stellen Sie seine Bedeutung dar.

AUFBAUTEXT

Wolfgang Krischke: Ist die Grammatik eine Sache der Kultur? (Teil 2, 2013)

Die Passagen, die von Everetts Arbeit bei den Pirahã handeln, gehören zu den interessantesten des Buches. Zugleich jedoch sind sie problematisch, denn ausgeblendet bleibt, dass Everett hier Partei ist in einem Streit, der seit 2005 im Gang ist, als er seine Erkenntnisse in der amerikanischen Zeitschrift „Current Anthropology“ veröffentlichte. Die Medien haben Everett – mit Safarihut, im Kanu sitzend – inzwischen zum Indiana Jones der Linguistik stilisiert, der sich im Dauerduell mit Noam Chomsky befindet, dem wiederum die Rolle des gedankenblassen, aber scharfzüngigen Stubengelehrten zufällt.

Doch es gibt ernstzunehmende empirische Einwände gegen Everetts Pirahã-Darstellung. Neben seiner These von der Mythenabstinenz der Pirahã werden vor allem seine linguistischen Beobachtungen in vielen Punkten in Zweifel gezogen. Von diesen Diskussionen erfährt der Leser des Buches nichts. Im Literaturverzeichnis führt Everett nicht einmal seine Forschungsarbeiten, geschweige denn die Aufsätze seiner Opponenten auf. [...]

Vorgetragen wird die Kritik vor allem von den Sprachwissenschaftlern Andrew Nevins, David Pesetsky und Cilene Rodrigues, die selbst eher der universalistischen Schule zuneigen. Sie werfen Everett vor, dass er das Pirahã durch seine Analysen und Übersetzungen viel exotischer erscheinen lasse, als es eigentlich ist. Indem er Wörter und Sätze in einer bewusst verfremdenden Weise zerlege und ihnen etymologische Bedeutungen zuordne, die längst verblasst seien, entstehe erst das Bild einer „ganz anderen“ Sprache. In Wirklichkeit, so Everetts Kritiker, fehlen dem Pirahã weder Farbwörter noch rekursive Einbettungen, auch ein rudimentärer Zahlwortschatz sei vorhanden, und viele der vermeintlich außergewöhnlichen Grammatikmerkmale ließen sich in etlichen anderen Sprachen nachweisen.

Was mit dem Vorwurf der „Exotisierung“ und „Etymologisierung“ gemeint ist, lässt sich am deutschen Wort „grün“ illustrieren: Nimmt man seine Wortwurzel, nämlich „wachsen/sprießen“, als heutige Bedeutung an, müsste man folgern, dass das Deutsche über keine echte Bezeichnung dieser Farbe verfügt. In ähnlicher Weise ließe sich belegen, dass Deutschen und Österreichern das Reden über abstrakte Denkprozesse eigentlich fremd ist, denn warum müssten sie sonst zu handfesten Umschreibungen wie be-greifen und er-fassen Zuflucht nehmen. Mit der Rekursivität ist es im Deutschen ebenfalls nicht mehr weit her, wenn man aus dem zusammengesetzten Satz „Ich sehe, dass sie arbeitet“ die gereihten Hauptsätze „Ich sehe das: Sie arbeitet“ macht.

Nun sind Nevins, Pesetsky und Rodrigues wie fast alle Linguisten gegenüber Everett im Hintertreffen, weil sie kein Pirahã sprechen. Stattdessen nutzen sie jedoch Argumente, die Everett selbst ihnen an die Hand gegeben hat: In seinen ersten Forschungsarbeiten zum Pirahã aus den achtziger Jahren analysierte Everett nämlich dieselben sprachlichen Daten noch ganz anders als zwei Jahrzehnte später: Von den Zahlwörtern bis zur Rekursivität – in seinen Beschreibungen aus dieser Zeit ist all das noch vorhanden. Everetts Kritiker halten diese frühen Untersuchungen für empirisch korrekter und logisch konsistenter. Everett selbst hält dagegen, die universalistischen Dogmen hätten ihm damals den Blick auf die Andersartigkeit des Pirahã so verstellt.

Einige Rätsel, die das Pirahã aufgibt, dürften sich jedoch lösen lassen, wenn man einen Blick in die Geschichte europäischer Sprachen wirft: Viele syntaktische Komplexitäten haben sich erst mit dem Entstehen der Schriftlichkeit herausgebildet, über die die Pirahã – wie Tausende anderer Sprachgemeinschaften – nicht verfügen. Gut möglich, dass die Amazonas-Sprache am Ende nicht viel exotischer ist als die Vorläufer des heutigen Deutsch.

Wolfgang Krischke: Ist die Grammatik eine Sache der Kultur? Zitiert nach: http://www.faz.net/aktuell/feuilleton/buecher/rezensionen/sachbuch/daniel-everett-die-groesste-erfindung-der-menschheit-ist-die-grammatik-eine-sache-der-kultur-12241407.html (abgerufen am 27.09.2017).

7 Was kritisieren Sprachwissenschaftler an Everetts Ausführungen? Fassen Sie die Hauptkritikpunkte, die Krischke in seiner Rezension anführt, zusammen.

8 Stellen Sie dar, welche Position Wolfgang Krischke gegenüber der Kritik einnimmt.

9 Stellen Sie auf der Grundlage beider Teile der Rezension gegenüber, wie Wolfgang Krischke Daniel Everetts Buch bewertet.

Was Krischke positiv würdigt:	Was Krischke kritisiert:

10 Untersuchen und beschreiben Sie die Sprache Krischkes in seiner Rezension „Ist die Grammatik eine Sache der Kultur?".

WISSEN

Die Sprache eines Textes beschreiben

Grundsätzlich kann die in einem Text verwendete Sprache auf allen Ebenen auffällig sein.
Besonders achten sollten Sie auf:

- **Wortwahl**: Finden sich Wortfamilien oder Wortfelder? Gibt es auffällige andere Wortbeziehungen, zum Beispiel Wörter mit gegenteiliger Bedeutung, Ober- oder Unterbegriffe, Synonyme? Werden häufig Fremdwörter verwendet? Ist die Wortwahl umgangssprachlich, dialektal, veraltet oder anders abweichend vom Standard? Gibt es auffällige rhetorische Figuren? Werden häufig Metaphern verwendet?
- **Wortformen und Wortbildung**: Gibt es auffällige Konjunktiv- oder Passivformen? Finden sich viele Komposita oder Nomen mit einem bestimmten Suffix, zum Beispiel „-ung" oder „-keit"? Gibt es Sprachspiele oder Wortneubildungen?
- **Satzbau**: Ist der Satzbau überwiegend parataktisch oder hypotaktisch? Werden häufig Attribute verwendet? Wiederholen sich bestimmte Satzbaumuster, etwa Hauptsatz + Nebensatz mit „dass"?
- **Stil insgesamt**: Lässt sich für den gesamten Text betrachtet der Stil als sachlich, umgangssprachlich, altertümlich oder ähnlich beschreiben? Wie hängen Sprachstil und Textsorte zusammen?

C Manipulation durch Sprache

Die Wirkung von Sprache auf unser Denken bewerten

George Orwells Roman „1984“ aus dem Jahr 1949 nahm Anfang 2017 in der Amazon-Bestsellerliste zeitweise Platz 1 ein und musste sogar nachgedruckt werden. Was war geschehen? Nach Donald Trumps Amtseinführung am 20. Januar 2017 sagte Sean Spicer, der damalige Pressesprecher des Weißen Hauses, dass keine andere Vereidigung jemals ein so großes Publikum gehabt habe, was sogleich durch Fotos von der Vereidigung von Trumps Vorgänger Barack Obama widerlegt worden ist. Doch Trumps Beraterin Kellyanne Conway verteidigte Spicer, dieser habe nur „alternative Fakten“ geliefert. Sofort war Orwells Dystopie eines totalitären Überwachungsstaates in aller Munde, in dem die Bürger durch „doublethink“ (wie „Krieg ist Frieden“) ebenso am kritischen Denken gehindert werden sollten wie durch die sogenannte „Newspeak“.

Filmbild zu George Orwells Dystopie von einem totalitären Überwachungsstaat im Jahr 1984. Im Zentrum der Handlung steht der systemkritische Winston Smith, der im „Ministerium für Wahrheit“ in London alte Zeitungsberichte und somit das vergangene Geschichtsbild fortlaufend an die gerade herrschende Parteilinie anzupassen hat.

1984, R: Michael Radford, GB 1984 © ddp images GmbH, Hamburg

1 Besprechen Sie, weshalb in der Diskussion um „alternative Fakten“ der Roman „1984“ von George Orwell erneut zum Bestseller wurde. Stellen Sie einen Bezug zur Überschrift dieses Teilkapitels her.

BASISTEXT

George Orwell: 1984 (1949)

Im Anhang des Romans werden die Grundsätze des Neusprech geschildert, der Amtssprache des fiktiven Staates Ozeanien, der von der Partei des Englischen Sozialismus, kurz Engsoz, regiert wird.

Neusprech sollte nicht nur ein Ausdrucksmittel für die den Anhängern des Engsoz gemäße Weltanschauung und Geisteshaltung bereitstellen, sondern auch alle anderen Denkweisen unmöglich machen. Es war geplant, dass, wenn Neusprech ein für alle Mal angenommen und Altsprech vergessen worden war, ein ketzerischer Gedanke – d. h. ein von den Prinzipien des Engsoz abweichender Gedanke – buchstäblich undenkbar sein sollte, insoweit wenigstens, als Denken an Worte gebunden ist. Das Vokabular war so konstruiert, dass jeder schicklichen Meinung, die ein Parteimitglied äußern wollte, ein genauer und oft sehr subtiler Ausdruck gegeben werden konnte, während zugleich alle anderen Inhalte und auch die Möglichkeit, sie indirekt zu vermitteln, ausgeschlossen wurden. Dies erreichte man zum Teil durch die Erfindung neuer, hauptsächlich aber durch die Eliminierung unerwünschter Wörter und indem man die verbleibenden Wörter aller unorthodoxen und soweit wie möglich überhaupt aller Nebenbedeutungen entkleidete. Ein Beispiel mag genügen. Das Wort *frei* existierte zwar in Neusprech noch, konnte aber nur in Aussagen wie „Dieser Hund ist frei von Flöhen“ oder „Dieses Feld ist frei von Unkraut“ verwandt werden. In seinem alten Sinn von „politisch frei“ oder „geistig frei“ konnte es nicht mehr gebraucht werden, weil diese politische und geistige Freiheit nicht einmal als Begriff existierte und deswegen notwendigerweise auch namenlos war. Abgesehen von der Abschaffung eindeutig ketzerischer Wörter, betrachtete man die Reduktion des Vokabulars als Selbstzweck, und kein entbehrliches Wort durfte überleben. Neusprech sollte den Gedankenspielraum nicht erweitern, sondern *einengen*, und dieser Zweck wurde dadurch unterstützt, dass man die Auswahl von Wörtern auf ein Minimum zusammenstrich.

[...] Die Neusprechwörter waren in drei deutlich gegeneinander abgegrenzte Klassen eingeteilt, bekannt als das A-Vokabular[1], das B-Vokabular[2] und das C-Vokabular. [...]

Das B-Vokabular bestand aus Wörtern, die ganz bewusst zu politischen Zwecken gebildet worden waren: aus Wörtern also, die nicht nur in jedem Fall eine politische Implikation hatten, sondern auch dazu bestimmt waren, dem Benutzer eine wünschenswerte Geisteshaltung zu oktroyieren[3].

---

1 A-Vokabular: Wortschatz für das tägliche Leben **2** B-Vokabular: bestehend aus wissenschaftlichen Fachausdrücken
3 oktroyieren: aufdrängen, aufzwingen

[...] Die B-Wörter waren immer Komposita. Sie bestanden aus zwei oder mehr Wörtern oder Wortteilen, die zu einer leicht aussprechbaren Form zusammengezogen waren. Das entstandene Amalgam war immer ein Substantiv-Verb und wurde nach den normalen Regeln flektiert. Um ein Beispiel zu geben: Das Wort *Gutdenk* bedeutete, grob gesagt, „Orthodoxie" oder, wenn man es als Verb betrachtete, „in orthodoxer Weise denken". Die Ableitungen lauteten: Substantiv-Verb *Gutdenk*; Imperfekt und Perfekt *gutdenkte*; Partizip Präsens *gutdenkend*; Adjektiv *gutdenkvoll*; Adverb *gutdenkweise*; Verbalsubstantiv *Gutdenker*.

[...] Wie wir bereits an dem Wort *frei* gesehen haben, wurden Wörter, die früher einmal eine ketzerische Bedeutung transportiert hatten, manchmal aus Gründen der Bequemlichkeit beibehalten, aber nur, wenn sie von den unerwünschten Bedeutungen gesäubert worden waren. Unzählige andere Wörter wie *Ehre, Gerechtigkeit, Moral, Internationalismus, Demokratie, Wissenschaft* und *Religion* hatten schlicht aufgehört zu existieren. Ein paar Oberbegriffe deckten sie ab, und dadurch, dass sie sie abdeckten, schafften sie sie auch ab. Alle Wörter, die sich um die Begriffe Freiheit und Gleichheit gruppierten, waren z. B. in dem Wort *Deldenk*[4] enthalten, während alle Wörter, die sich um die Begriffe Objektivität und Rationalismus gruppierten, in dem Wort *Altdenk* enthalten waren. [...]

Kein Wort des B-Vokabulars war ideologisch neutral. Sehr viele waren Euphemismen. Worte wie *Freudelager* (Zwangsarbeitslager) oder *Minipax* (Ministerium für Frieden, d. h. Kriegsministerium) bedeuteten das genaue Gegenteil dessen, was sie zu meinen schienen. Andererseits verrieten einige Wörter eine ganz offene und verächtliche Kenntnis der wahren Natur der ozeanischen Gesellschaft. Ein Beispiel dafür war *Prolesstoff*, womit die minderwertige Unterhaltung und die Pseudonachrichten gemeint waren, mit denen die Partei die Massen fütterte. Wieder andere Worte waren ambivalent, besaßen die Konnotation „gut", wenn sie auf die Partei angewandt wurden, und die Konnotation „schlecht", wenn sie auf deren Feinde angewandt wurden. [...]

Soweit es sich einrichten ließ, wurde alles, was irgendeine politische Bedeutung hatte oder haben konnte, in das B-Vokabular eingepasst. Der Name jeder Organisation oder Gemeinschaft, jeder Doktrin, jedes Landes, jeder Institution, jedes öffentlichen Gebäudes wurde ausnahmslos zur gewohnten Form verkürzt, das heißt in ein einziges, leicht aussprechbares Wort mit möglichst geringer Zahl von Silben, aus denen sich seine ursprüngliche Herkunft noch ablesen ließ. [...]

Das geschah nicht ausschließlich, um Zeit zu sparen. Bereits in den ersten Jahrzehnten des zwanzigsten Jahrhunderts waren ineinandergeschobene Wörter und Ausdrücke ein typisches Kennzeichen der Politsprache gewesen; und es hatte sich gezeigt, dass die Tendenz zum Gebrauch solcher Abkürzungen in totalitären Ländern und totalitären Organisationen am ausgeprägtesten war. Beispiele hierfür waren Worte wie *Nazi, Gestapo, Komintern, Agitprop*. Anfangs hatte man das Verfahren gewissermaßen instinktiv angewandt, aber in Neusprech wurde es zu einem bestimmten Zweck eingesetzt. Man hatte erkannt, dass durch solche Abkürzungen die Bedeutung einer Bezeichnung eingeengt und unmerklich verändert wurde, indem man die meisten der ihr sonst anhaftenden Assoziationen ausschloss.

George Orwell: 1984. Übersetzt von Michael Walter. 13. Auflage. München: Wilhelm Heyne Verlag, 2002, S. 371 ff.

2 Benennen Sie die Ziele der fiktiven Amtssprache Neusprech und zeigen Sie an Beispielen, mit welchen Mitteln diese Ziele erreicht werden sollen.

4 Deldenk: Neusprech für „Gedankendelikt"

3 Überlegen Sie anhand des Romanauszugs, weshalb in totalitären Regimes häufig Abkürzungen und Kurzwörter gebraucht werden.

4 Setzen Sie sich mit der Annahme über das Verhältnis von Sprache und Denken auseinander, die der Amtssprache Neusprech zugrunde liegt. Gehen Sie dabei vom Gebrauch des Wortes „frei" aus.

BASISTEXT

Victor Klemperer: LTI. Die drei ersten Wörter nazistisch (1947)

Victor Klemperer (1881–1960) war ein deutscher Romanist und Politiker jüdischer Herkunft, der den Nationalsozialismus überlebte. In einem seiner wichtigsten Werke, genannt „LTI"[1] („Lingua tertii Imperii"), dokumentierte und untersuchte er die „Sprache des Dritten Reiches".

Das allererste Wort, das sich mir als spezifisch nazistisch, nicht seiner Formung, aber seiner Anwendung nach, aufdrängte, verbindet sich für mich mit der Bitterkeit des ersten durch das Dritte Reich verursachten Freundesverlustes.

Dreizehn Jahre zuvor waren wir und T. gleichzeitig nach Dresden und an die Technische Hochschule gekommen, ich als Professor, er als beginnender Student. Er war fast so etwas wie ein Wunderkind. [...] Er kam in unser Haus, er wurde aus dem Hausgenossen einigermaßen zum Pflegesohn, er nannte uns, halb im Scherz, aber doch auch sehr im Ernst, Vater und Mutter, wir hatten wohl einigen Anteil an seiner Bildung. Er heiratete frühzeitig, und das herzlich nahe Verhältnis zwischen uns blieb unverändert. Dass es durch politische Meinungsverschiedenheiten je gestört werden könnte, kam keinem von uns vier Beteiligten je in den Sinn.

Und dann drang der Nationalsozialismus nach Sachsen. Ich bemerkte bei T. erste Anzeichen der veränderten Gesinnung. Ich fragte ihn, wie er mit diesen Leuten sympathisieren könne. „Sie wollen doch nichts anderes als die Sozialisten", sagte er, „sie sind doch auch eine Arbeiterpartei." – „Siehst du denn nicht, dass sie auf Krieg zielen?" – „Höchstens auf einen Befreiungskrieg, der der gesamten Volksgemeinschaft und so auch den Arbeitern und kleinen Leuten zugutekommen muss ..."

Ich begann an der Weite und Stärke seiner Vernunft zu zweifeln. Ich suchte ihn von einer anderen Seite her stutzig zu machen. „Du hast jahrelang in meinem Haus gelebt, du weißt doch, wie ich denke, du meintest doch oft, einiges von uns gelernt zu haben und in deinen sittlichen Wertungen mit uns übereinzustimmen – wie kannst du nach alledem zu einer Partei halten, die mir um meiner Abstammung willen das Deutschtum und das Menschentum abspricht?" – „Du nimmst das viel zu ernst, Babba." – (Das Sächsische sollte wohl dem Satz, der Diskussion überhaupt, eine leichte Note geben.) – „Der Judenrummel dient nur Propagandazwecken. Du wirst sehen, wenn Hitler erst am Ruder ist, dann hat er anderes zu tun, als auf die Juden zu schimpfen ..."

Aber der Rummel tat doch seine Wirkung – auch auf unseren Pflegesohn. Ich fragte ihn einige Zeit später nach einem jungen Mann, den er kannte. Er zuckte die Achseln: „Bei der AEG[2], du weißt ja, was das bedeutet? ... Nicht? ... ‚Alles echte Germanen?'" Und er lachte und war verwundert, dass ich nicht mitlachte.

Und dann, nachdem wir uns eine Weile nicht gesehen, lud er uns telefonisch zum Essen ein, es war kurz nach Hitlers Regierungsantritt. „Wie geht es bei euch im Betrieb?", fragte ich. „Sehr schön!", antwortete er, „gestern hatten wir einen ganz großen Tag. In Okrilla[3] saßen ein paar freche Kommunisten, da haben wir eine Strafexpedition veranstaltet." – „Was habt ihr?" – „Na, Spießruten laufen lassen durch Gummiknüppel, und ein bisschen Rizinus, nichts Blutiges, aber immerhin ganz wirksam, eine Strafexpedition eben."

Strafexpedition ist das erste Wort, das ich als spezifisch nazistisch empfand, ist das allererste meiner LTI, und ist das allerletzte, das ich von T. gehört habe; ich hing den Hörer hin, ohne die Einladung nur erst abzulehnen.

1 LTI: parodierende Anspielung auf die vielen Abkürzungen der Nationalsozialisten 2 AEG: 1883 in Berlin gegründete „Allgemeine Elektricitäts-Gesellschaft"; bis zu ihrer Übernahme durch die Daimler Benz AG nach Siemens das zweitgrößte deutsche Elektrounternehmen 3 Okrilla: Ort in Sachsen

Was ich mir irgend an brutaler Überheblichkeit und an Verachtung fremder Menschenart denken konnte, drängte sich in diesem Wort Sprachexpedition zusammen [...]. Die nächste Sprachnotiz meines Tagebuches heißt: Staatsakt. Goebbels inszeniert ihn, den ersten einer kaum noch übersehbaren Reihe, am 21. März 1933 in der Potsdamer Garnisonskirche. [...]

„Staatsakt" im Mosaiksaal der Reichskanzlei in Berlin für den bei einem Attentat getöteten Heydrich, 9. Juni 1942: Adolf Hitler vor dem Sarg.
akg-images (Sammlung Berliner Verlag/Archiv), Berlin

Wenn das LTI-Verbum „aufziehen" irgendwo mit Recht angewendet wird, dann sicherlich hier; das Gewebe der Staatsakte wurde immer nach dem gleichen Muster aufgezogen, in zwei Ausführungen freilich, mit oder ohne Sarg im Mittelpunkt. Die Pracht der Banner, Aufmärsche, Girlanden, Fanfaren und Chöre, der Redeumkörperungen, blieb sich durchweg gleich, lehnte sich durchweg an das Mussolinische[4] Vorbild. Im Kriege schob sich der Sarg immer häufiger ins Zentrum, und die schon etwas erschlaffte Anziehungskraft dieses Werbemittels straffte sich wieder durch die Anrüchigkeit. Sooft ein gefallener oder tödlich verunglückter General sein Staatsbegräbnis erhielt, ging das Gerücht, er sei beim Führer in Ungnade geraten und auf dessen Befehl beseitigt worden. Dass solche Gerüchte entstehen konnten, legt – einerlei ob sie der Wahrheit entsprachen oder nicht – gültiges Zeugnis ab für den Wahrheitsgehalt, den man der LTI beimaß, für den Lügengehalt, den man ihr zutraute. [...]

Rein sprachlich ist das Wort doppelt aufgeblasen. Einmal sagt es aus und bestätigt damit eine wirkliche Begebenheit, dass Ehrungen, die der Nationalsozialismus vergibt, staatliche Anerkennungen sind. Es enthält also das *L'état c'est moi*[5] des Absolutismus. Sodann aber fügt es zur Aussage den Anspruch. Ein Staatsakt ist etwas zur Staatsgeschichte Gehöriges, also etwas, das dauernd im Gedächtnis eines Volkes bewahrt werden soll. Ein Staatsakt hat besonders feierliche historische Bedeutung.

Und hier ist nun das Wort, mit dem der Nationalsozialismus vom Anfang bis zum Ende übermäßige Verschwendung getrieben hat. Er nimmt sich so wichtig, er ist von der Dauer seiner Institutionen so überzeugt, oder will so sehr davon überzeugen, dass jede Bagatelle, die ihn angeht, dass alles, was er anrührt, historische Bedeutung hat. Historisch ist ihm jede Rede, die der Führer hält, und wenn er hundertmal dasselbe sagt, und wenn er gar nicht mit all seinen Worten sagt; historisch ist jede Zusammenkunft des Führers mit dem Duce, auch wenn sie gar nichts an den bestehenden Verhältnissen ändert; historisch ist der Sieg eines deutschen Rennwagens, historisch die Einweihung einer Autostraße, und jede einzelne Straße und jede einzelne Strecke jeder einzelnen Straße wird eingeweiht; historisch ist jedes Erntedankfest, historisch jeder Parteitag, historisch jeder Feiertag jeglicher Art; und da das Dritte Reich nur Feiertage kennt – man könnte sagen, es habe am Alltagsmangel gekrankt, tödlich gekrankt, ganz wie der Körper krank sein kann an Salzmangel –, so hält es eben alle seine Tage für historisch.

In wie viel Schlagzeilen, in wie vielen Leitartikeln und Reden ist das Wort gebraucht und um seinen ehrwürdigen Klang gebracht worden! Man kann ihm gar nicht Schonung genug angedeihen lassen, wenn es sich erholen soll.

Victor Klemperer: Die ersten drei Wörter nazistisch. In: Victor Klemperer: LTI. Notizbuch eines Philologen. Hrsg. v. Elke Fröhlich. 25. durchges. Aufl. Stuttgart: Reclam, 2015, S. 53–57.

5 Stellen Sie dar, wie die drei ersten Wörter der „LTI" laut Klemperer gebraucht wurden und was an ihnen „nazistisch" war.

Wort	Gebrauch	Erklärung des Nazistischen
Straf-expedition		

4 Benito Mussolini (1883–1945): Diktator des italienischen Faschismus von 1922–1945, auch Duce genannt
5 L'état c'est moi: frz. Leitsatz des Absolutismus, deutsch: Der Staat bin ich.

6 Vergleichen Sie die in den Texten von Orwell und Klemperer geschilderten Sprachverwendungen und benennen Sie Gemeinsamkeiten und Unterschiede.

7 Setzen Sie sich mit der Frage auseinander, wie mit Sprache in aktuellen politischen und gesellschaftlichen Debatten Einfluss ausgeübt wird. Beziehen Sie sich dabei auf die folgenden Textauszüge und recherchieren Sie nach Möglichkeit aktuelle Beispiele und weitere Informationen.

AUFBAUTEXT

Stefanie Kara und Claudia Wüstenhagen: Die Macht der Worte (2012)

Barack Obama hat eine Schwäche, die ihn die Wiederwahl kosten könnte: Er hält sich an Zahlen und Fakten – und spricht auch noch darüber. „Aber das funktioniert nicht", sagt George Lakoff. Er würde Obama und den Demokraten in den USA gern helfen. Denn „die Republikaner sind viel besser darin, ihre Ideen rüberzubringen", beklagt Lakoff. Ihr Erfolgsgeheimnis: „Sie nutzen sehr geschickt Metaphern." Lakoff ist Linguist und Experte für Metaphern, für Sprachbilder. Er ist überzeugt: „Metaphern können Wahlen entscheiden." Beispiel Gesundheitsreform: In seinem ersten Wahlkampf habe Obama großen Erfolg damit gehabt, die Krankenversicherung für alle damit zu rechtfertigen, dass es zur Moral der USA gehöre, sich umeinander zu kümmern: der Staat als fürsorgliche Familie – eine Metapher. „Aber sobald er ins Amt kam, hat er damit aufgehört", sagt Lakoff. Die Republikaner dagegen verlegten sich einfach auf die Macht der Metaphern. Die Komitees, die entscheiden sollten, wer welche Behandlung bekommt, nannten sie zum Beispiel „Todes-Kommissionen". Die Zustimmung zur Reform sank rapide. [...]

Stefanie Kara/Claudia Wüstenhagen: Die Macht der Worte. Zitiert nach: http://www.zeit.de/zeit-wissen/2012/06/Sprache-Worte-Wahrnehmung/komplettansicht (abgerufen am 15.12.2017).

AUFBAUTEXT

Thorsten Eitz: Begriffe besetzen oder das Ringen um Wörter (2010)

[...] Metaphern, also Wörter oder Wendungen mit bildhafter, übertragener Bedeutung, sind deshalb so attraktiv, weil sie komplexe Sach- und Problemverhalte vereinfachend und verständlich darstellen. Sie machen den jeweiligen Sach- oder Problemverhalt buchstäblich „begreifbar" und enthalten darüber hinaus oft noch versteckte Argumentationen und Handlungsanweisungen. In den Auseinandersetzungen über die Einwanderungspolitik wurde z. B. mit Ausdrücken wie *Ausländer*- bzw. *Asylantenflut, -schwemme, -strom, -welle, -lawine* etc. der suggestive Eindruck hervorgerufen, als handele es sich bei diesen Zuwanderern um eine ungeheuer große, jedenfalls eine viel größere als die tatsächliche Anzahl von Menschen. Zugleich enthielt schon das gewählte Bild die als notwendig betrachtete politische bzw. gesetzgeberische Gegenmaßnahme, nämlich dass gegen die ungewollte, vermeintlich massenhafte Zuwanderung *Dämme errichtet* werden müssten, also die Einwanderung zu beschränken bzw. das Asylrecht einzuschränken sei. Im „Dritten Reich" trug die stereotype Titulierung der Juden als *Parasiten am deutschen Volkskörper, Schädlinge, Blutsauger, Pest, Bazillen* etc., die zu *bekämpfen* bzw. *auszurotten* oder *auszutilgen* seien, dazu bei, die jüdische Bevölkerung zu stigmatisieren und auszugrenzen. Diese sprachlichen Bilder, also Krankheiten, die zu heilen, Parasiten, die zu entfernen seien, sollten die von den Nationalsozialisten beabsichtigte Verdrängung der Juden aus dem öffentlichen Leben, ihre Verfolgung und schließlich ihre Ausrottung schlüssig begründen.

Thorsten Eitz: Begriffe besetzen oder das Ringen um Wörter. Zitiert nach: http://www.bpb.de/politik/grundfragen/sprache-und-politik/42715/begriffe-besetzen (abgerufen am 19.04.2018).

Mein Wissen sichern und anwenden

1 Beschreiben Sie den Zusammenhang zwischen der Diskussion um die Sapir-Whorf-Hypothese und der Spracherwerbstheorie Noam Chomskys.

Sieglinde Geisel: Geflüchtete versus Asylanten – Begriffe drücken Einstellungen aus (2015)

Sprache ist ein Instrument der Politik, auch wenn wir uns dessen oft nicht bewusst sind. Mit Worten deuten und ordnen wir die Welt: Wie wir die Menschen benennen, die nun nach Europa kommen – aus welchen Gründen auch immer – hat Einfluss darauf, wie wir sie behandeln.

Wenn von „Flüchtlingswelle", von Fluten und Strömen die Rede ist, ducken wir uns instinktiv. Menschen sehen wir dabei keine, denn die Worte haben sie in unserem Bewusstsein in reißende Wassermassen verwandelt. Wir bekommen Panik und sind bereit, alles zu tun, um diese bedrohliche (und wohl auch schmutzige) Flut draußen zu halten. Wer die Wassermetaphern benutzt, will damit genau das erreichen. [...]

Wenn Menschen aus den Wörtern verbannt werden, die von ihnen handeln, hat das zur Folge, dass wir sie nicht mehr als Menschen wahrnehmen, sondern als Masse. Sobald wir jedoch Menschen als Masse wahrnehmen, reagieren wir paradox: Je größer die Zahl der Menschen, denen ein Unheil widerfährt, desto geringer ist unsere Bereitschaft zur Empathie mit ihrem Leid.

Je weniger Menschen wir dagegen leiden sehen, desto größer unser Mitleid. Nur im Einzelnen erkennen wir uns selbst – und unsere Kinder. Kein Bild hat so heftige und nachhaltige Gefühle geweckt wie das tote syrische Kind am Strand.

Die Meldungen von 100, 500, 700 ertrunkenen Flüchtlingen im Mittelmeer erschüttern uns dagegen kaum. Die Zahlen bewahren uns vor dem fremden Schmerz: Die Menschen hinter diesen Zahlen verflüchtigen sich zu einer Abstraktion, die nichts fühlt und denkt. [...]

Es hat Konsequenzen, ob und wie wir diejenigen, die zu uns kommen, in unseren Worten als Menschen anerkennen. „Vor allem mögen wir es nicht, wenn man uns ‚Flüchtlinge' nennt", schreibt Hannah Arendt im Sommer 1943 in New York, knapp den Nationalsozialisten entronnen, in einem Text mit dem Titel „Wir Flüchtlinge".

„Wir selbst bezeichnen uns als ‚Neuankömmlinge' oder als ‚Einwanderer'", schreibt sie weiter. Ein Einwanderer hat eine Entscheidung gefällt, ein Flüchtling dagegen hatte keine Wahl. Er ist nicht handelndes Subjekt, sondern passives Opfer. Die Sprache setzt subtile Instrumente ein, wenn es um die Bewertung dessen geht, wovon die Rede ist.

Eine unscheinbare Wort-Endung kann abwerten, was mit dem Wort bezeichnet wird: Feigling, Weichling, Schönling – oder Asylant, Querulant, Simulant. Letztere gehen einem auf die Nerven, denn die Endung -lant bezeichnet etwas Aktives, durchaus Bedrohliches; die Endung -ling dagegen steht für etwas Passives, Schwaches, etwas, das wir verachten dürfen. [...]

Es gibt noch einen anderen Grund dafür, dass niemand gerne „Flüchtling" genannt wird. Das Wort reduziert den Menschen auf seine Flucht: Ob es sich bei der geflüchteten Person um eine Ärztin handelt oder einen Maurer, ob sie Kinder hat oder von einer Karriere als Banker träumt, das alles interessiert uns nicht. Seit längerem schon sind Begriffe im Umlauf, die hier Abhilfe schaffen: „Geflüchtete" oder „Refugees". Wer diese Worte benutzt, signalisiert Willkommensbereitschaft. [...]

Sieglinde Geisel: Geflüchtete versus Asylanten – Begriffe drücken Einstellungen aus. Zitiert nach: http://www.deutschlandfunkkultur.de/gefluechtete-versus-asylanten-begriffe-druecken.1005.de.html?dram:article_id=330623 (abgerufen am 19.04.2018).

2 Stellen Sie das Anliegen und die Hauptaussagen Sieglinde Geisels zusammenfassend dar.

3 Kann man mit Begriffen Einstellungen prägen? Erörtern Sie Geisels Position vor dem Hintergrund verschiedener Erklärungsansätze zum Verhältnis von Sprache, Denken und Wirklichkeit.